DEPRESSÃO

A DOR MAIOR DA ALMA

DEPRESSÃO
A DOR MAIOR DA ALMA

Valdemar Augusto Angerami

Depressão: a dor maior da alma

Copyright © 2021 Artesã Editora

É proibida a duplicação ou reprodução deste volume, no todo ou em parte, sob quaisquer formas ou por quaisquer meios (eletrônico, mecânico, gravação, fotocópia, distribuição na Web e outros), sem permissão expressa da Editora.

COORDENAÇÃO EDITORIAL
Karol Oliveira

DIREÇÃO DE ARTE
Tiago Rabello

REVISÃO
Giovanna Marques Hailer Felipe

IMAGEM DE CAPA
Evandro Angerami

FOTOS DE CAPA E ORELHAS
Paula Linhares Angerami

CAPA
Karol Oliveira

PROJETO GRÁFICO E DIAGRAMAÇÃO
Conrado Esteves

A587   Angerami, Valdemar Augusto, 1955-.
        Depressão : a dor maior da alma / Valdemar Augusto Angerami . – Belo Horizonte : Artesã, 2021.

        188 p. ; 23 cm.

        ISBN: 978-65-86140-45-3.

        1. Psiquiatria. 2. Psicologia. 3. Psicoterapia. 4. Enfermagem. 5. Depressão mental. I. Título.

                                                       CDU 616.89

Catalogação: Aline M. Sima CRB-6/2645

IMPRESSO NO BRASIL
Printed in Brazil

📞 (31)2511-2040   💬 (31)99403-2227
🌐 www.artesaeditora.com.br
📍 Rua Rio Pomba 455, Carlos Prates - Cep: 30720-290 | Belo Horizonte - MG
📷 📘 /artesaeditora

Para Ma Belle Cadinho
e aos que dedicam suas vidas
ao acolhimento ao desesperançado[a]

Agradecimentos

Pássaros de mesma plumagem voam juntos.

SABEDORIA CIGANA

Mais um livro que não seria possível sem a presença de tanta gente diferente. Pessoas tão queridas que se fazem presente para que o livro seja algo sempre prazeroso. Inicialmente, meu agradecimento aos meus filhos Evandro, autor da imagem da capa, e Paula, responsável pelas fotos da capa e por contribuições valiosas ao longo dos capítulos.

Agradecimento imprescindível para Karol Oliveira, de início, apenas a coordenadora editorial, na atualidade, uma das principais artífices de nossos livros. Ela conseguiu uma harmonização ímpar com as imagens do Evandro, além do cuidado e esmero com os detalhes da publicação como um todo. Também preciso agradecer ao Alcebino, hoje mais do que o editor responsável pelos nossos livros, alguém que investiu emoção e amor em nossas publicações. Um grande parceiro nessa caminhada editorial. E ainda ao pessoal editorial, meus agradecimentos ao Daniel, de início apenas assessor comercial, hoje companheiro na partilha de música. Também a Pablo Jesus, igualmente da área comercial, para o entorno de uma grande amizade.

Preciso ainda tecer agradecimentos a Ricardo Venturino, Giulia Grillo, Selma Reis, Thiago Souza Reis, Ionice Lourenço, Wilson Santos de Carvalho, Enrique Marti, Yara Ferraz, Amaral Vieira, Isabella Leão e Sueli Guerreiro, todas pessoas queridas que estiveram presente na elaboração desse livro com pontuações sempre pertinentes.

Outro agradecimento muito especial é a você, leitor, a pessoa especial para quem esse livro foi escrito. É para você que nossas reflexões são efetivadas e, certamente, além de estar presente em nossos pensamentos durante o processo de escrita, também se faz merecedor de todas as nossas louvas pela delicadeza de estar com esses escritos em mãos.

Serra da Cantareira, numa manhã azul de Primavera...

Sumário

Agradecimentos 7

Apresentação 11

CAPÍTULO I
Palavras Iniciais 13

CAPÍTULO II
E por falar em depressão... 15

CAPÍTULO III
Em busca de conceitos 19

POESIA
Depressão e dor... 27

CAPÍTULO IV
Da nostalgia 29

CAPÍTULO V
Da Melancolia 39

CAPÍTULO VI
De perdas e lutos. A depressão reativa 55

POESIA
A noite responde 69

CAPÍTULO VII
Depressão e antidepressivos 71

CAPÍTULO VIII
Depressão Social 79

CAPÍTULO IX
Depressão nas diversas fases do desenvolvimento humano 87

POESIA
Lágrimas 99

CAPÍTULO X
Depressão e Suicídio 101

CAPÍTULO XI
Da depressão nos animais 107

CAPÍTULO XII
Depressão e cultura 127

CAPÍTULO XIII
Depressão e Arte 153

POESIA
Um Cadinho de Vinho... 177

CAPÍTULO XIV
Considerações Complementares 179

Referências 183

Posfácio 187

Apresentação

A maior magia do universo é tua vida, tuas conquistas.
E a Lua branca no céu, sempre contemplativa...

SABEDORIA CIGANA.

Outono, tempo da florada das Espatódias, Quaresmeiras, Paineiras e da Cássia Aleluia. E nesse cenário de fascínio temos o luamento da Páscoa. Luamento que traz um mistério em si. Diferentemente de outros luamentos, ele traz a esperança de renovação e de superação humana diante dos desatinos da vida. Vem com o significado de passagem para algo novo.

Da tradição judaica, e incorporada pelo cristianismo, tem o significado de renovação espiritual em seu sentido mais pleno. Esperança que também trazemos a esse livro para que ele possa aquietar os tantos corações em desalento com a maneira organicista que a depressão é enquadrada na maioria das vezes. Enquadre que a considera apenas, e tão somente, como um desequilíbrio dos diversos neurotransmissores cerebrais, e que necessita de ação medicamentosa para voltar ao equilíbrio.

Em mais uma ousadia, que pode até ser considerada juvenil, elaboramos uma tentativa de compreensão ao sofrimento trazido pela depressão que dista do modelo organicista. Um olhar díspare aos modelos tradicionais de enquadre da depressão. Uma forma de compreensão em que o sofrimento emocional do paciente é considerado até mesmo antes do surgimento do desequilíbrio orgânico que acarreta.

Mais um livro que colide frontalmente com as principais teorias vigentes em Psicologia, e com os protocolos médicos de atendimentos aos pacientes em situação de sofrimento psíquico.

Não importa! O mais importante é não esmorecermos em nossos ideais. O confronto foi algo que nunca tememos, e mais uma vez estaremos na polaridade das nossas obras: amadas ou odiadas, jamais despercebidas. E isso é o mais importante, o detalhamento que nos direciona para novos imbricamentos constitutivos de compreensão humana, e novos determinantes reflexivos.

Um novo livro em que nossas crenças em uma sociedade mais justa e fraterna se renovam de modo singular. De crença de que estamos contribuindo para uma nova Psicologia, igualmente mais fraterna, e de um novo amanhecer em nossos sonhos.

E assim, como a algazarra matinal dos pássaros anunciando o amanhecer na mata, seja esse livro o anúncio de algo novo, o alvorecer das nossas esperanças em busca de dignidade existencial.

Serra da Cantareira, numa noite fria e estrelada de Outono...

CAPÍTULO I

Palavras Iniciais

Gotículas de água nas plantas da chuva na madrugada...
E que ainda cintilam na presença do Sol...

VALDEMAR AUGUSTO ANGERAMI

Noite quente de Verão de 2020. O relógio na Av. Paulista marca 22h06 e 28 °C de temperatura. Caminho por entre mesas, cadeiras espalhadas pelas calçadas depois de atender pacientes desde o final da tarde.

O último paciente é um caso de depressão contundente, crivado de muito sofrimento. Ao sorver a brisa da noite, é como se tivesse abandonado, dentro das paredes do consultório, os possíveis sofrimentos que envolvem a alma humana. Nesse ambiente não existe lugar para sofrimento. Nesse cenário, as pessoas querem da vida apenas, e tão somente, alegria igual à sua.

A imponência da Av. Paulista, com seus prédios majestosos, que traz em seu perfil a condição de um dos maiores centros financeiros do mundo, perde seu constitutivo na noite. Agora, ela é lugar para pessoas em busca de entretenimento: o charme dos bares, os cinemas e as livrarias faz com que não exista vestígios da Av. Paulista do período diurno.

Pessoas que se encontram para buscar pessoas em busca de vida, de conversa prazenteira, de coisas que não comportam sofrimento. As vozes se misturam ao barulho do trânsito de veículos, e tudo se torna adereço de uma noite de Verão no coração de São Paulo.

Em muitos momentos, após o expediente de atendimento aos pacientes, também faço dessa parte desse ritual de alegria e confraternização.

Mas hoje vou direto ao metrô para ir ao encontro do meu carro que está estacionado próximo ao pé da serra. Depois subir a serra rompendo a neblina para encontrar a noite mais linda que se pode sonhar. À minha espera terei a Constelação de Orion e um punhado de estrelas a cintilar em seu entorno. Da vida na mata que se alterna com a vida na Av. Paulista, em repente estarei na Serra da Cantareira, a maior reserva florestal urbana do planeta, e noutro, simplesmente na mais imponente Avenida da América Latina.

Vida que brota mais vida...

E o pensamento latejando sobre como sistematizar reflexão sobre depressão e seus aspectos de sofrimento na alma humana. Caminho decidido a realizar esse projeto tão desafiador, desfiando ideias, e tentando dar forma a essa inquietação, sigo meu caminho absorto com o pensamento na depressão. Depressão enquanto conceito, sofrimento e detalhamentos de seu imbricamento na alma humana. Pacientes, livros, referências, palestras vão surgindo e se misturando em meu pensamento, e tudo se torna algo simplesmente indefinível. Sistematizar o conteúdo do livro, os temas que irão contemplar e a síntese de coisas que envolvem a temática da depressão.

Na minha rotina diária, no trajeto para minha casa, tenho a subida da serra na noite e o rompimento da neblina até atingir a noite clara e estrelada ao final. E talvez essa seja uma imagem muito pertinente ao se falar em depressão. Romper com os obstáculos que impedem uma compreensão mais ampla de suas entranhas, e mostrá-la como tentáculo de padecimento humano, sempre imbricada com outras formas de sofrimento, e jamais apenas, e tão somente, uma disfunção orgânica de neurotransmissores.

Os mistérios que envolvem a depressão são semelhantes aos que o rio despeja na serra. Tudo em harmonia, mas sendo necessário um olhar que desvende esse mistério para que seja apreendido em sua essência e amplitude.

Depressão. Simplesmente depressão...

CAPÍTULO II

E por falar em depressão...

No azul de uma manhã de Outono, a vida...

Uma pequena digressão sobre depressão...

Minha primeira publicação sobre Depressão aconteceu no livro *Depressão e Psicossomática* (ANGERAMI et al., 2001) com o capítulo *Depressão Como Processo Vital* (ANGERAMI, 2001), e, desde então, venho reformulando conceitos e, dessa maneira, tentando atualizá-los para que estejam em sintonia com a contemporaneidade e o desenvolvimento de nova compreensão da temática.

O próprio imbricamento da depressão com o suicídio, e por esse ser tema sempre presente em meus escritos e ações profissionais, fez com que nos debruçássemos sobre seus detalhamentos naquele momento, e na atualidade.

A depressão apresenta números assustadores. Estima-se que 1 bilhão de pessoas, cerca de 24% da população mundial, vêm sofrendo suas agruras, o que faz com que ela seja considerada o grande mal do século. Muitos desses pacientes podem estar acometidos por mais de um tipo de doença, sendo a depressão decorrência do agravamento provocado pelo sofrimento de outras comorbidades.

Em sua grande maioria, os estudos e as pesquisas envolvendo a depressão trazem uma visão organicista, ou seja, apresentam seu sofrimento como uma disfunção orgânica, um desequilíbrio entre substâncias presentes no organismo. Não se trata de negar simplesmente os desequilíbrios de substâncias como a serotonina, e outros congêneres neurotransmissores. Mas, evidentemente, se houve algum desequilíbrio, este foi provocado por algo que tenha a ver com as condições emocionais desse paciente, como seu sofrimento psíquico ou suas intercorrências, que levarão a pessoa à depressão, e é sobre isso que será nossa abordagem, a qual conduzirá para a tentativa de compreensão.

A depressão, até mesmo por se tratar de algo que envolve o desequilíbrio orgânico já citado, foi temática praticamente de domínio e intervenção médica. Apenas nas últimas décadas é que começou também a busca pelos determinantes psíquicos que poderiam estar provocando tais desequilíbrios. Então, outras formas de saber se debruçaram sobre a depressão e a transformaram em algo além das lides médicas.

A tentativa de compreensão que esse trabalho esboça apresenta determinantes que, muitas vezes, colidem com a visão organicista e, principalmente, por asseverar que a própria condição psíquica, que provoca tantos e variados desarranjos nessas substâncias orgânicas, também tem em si a condição de promover o restabelecimento e a harmonia desse paciente.

Teorizamos sobre a depressão livremente sem qualquer amarra teórica, sem mesmo qualquer preocupação de harmonia com outras tentativas de compreensão e abordagens teóricas.

Estima-se que, a cada ano, uma em cada 20 pessoas desenvolve quadro severo de depressão, e desse total, um número expressivo busca ajuda especializada para seu sofrimento. Ajuda essa que, muitas vezes, mostra-se insuficiente, justamente por abordar apenas, e tão somente, questões orgânicas, deixando de lado o sofrimento psíquico que levou o paciente a esse estado de desequilíbrio.

O avanço da Psicofarmacologia e o grande poderio da indústria farmacêutica sobre a classe médica impôs diferentes conceitos de depressão que necessariamente estão distantes das concepções clássicas sobre o tema. Assim, por exemplo, se num dado dia eu acordo com certa tristeza em razão de algum acontecimento que esteja me acometendo, essa tristeza já pode ser enquadrada como depressão e, certamente, há alguma medicação específica para isso. Talvez, nós estejamos vivendo um momento em que apenas a euforia, e até mesmo, a falsa alegria sejam aceitas, e tudo o que dista disso seja enquadrado como comportamento depressivo. Isso faz com que a depressão seja vista como algo facilmente curável, bastando para isso a ingestão de alguns comprimidos mágicos que têm a condição de levar o paciente de volta ao estado de alegria.

Vamos nos debruçar sobre o sofrimento psíquico que leva pessoas à depressão e, muitas vezes, ao desespero que culmina até mesmo com o extermínio da própria vida. Filigranas do sofrimento que se espraiam pela vida e determinam nuances de sofrimento nas mais diferentes configurações do paciente.

Depressão. Simplesmente depressão...

CAPÍTULO III

Em busca de conceitos

A Lua te mostra a borboleta ainda no casulo

SABEDORIA CIGANA

O luamento na mata... E de um passeio à beira mar

A mata em noites de luamento fica argêntea, com a folhagem se tornando toda prateada. Ao longe, é possível admirar o contorno das montanhas em seus pontilhados pelo sombreamento da luz do luamento. Tudo se transforma, e a vida parece se prostrar para admirar panorama tão fascinante. Noite fria em que pese espetáculo tão maravilhoso dessa configuração feita pelo luamento nas árvores e seus entornos. O céu exibe a Constelação de Leão a brilhar, trazendo encantamento e singeleza. A Constelação de Leão é o Outono brilhando no firmamento. Depressão é um tema que não combina com esse ambiente onírico. É como se a depressão fosse algo inerente apenas a noites sombrias, nubladas, cujo frio pede o aquecimento da proteção da alma.

Da mesma forma, não tem como falar em depressão em dia ensolarado de Verão, com os pés arrastados na areia em passeio à beira mar. Contemplar a água esverdeada do mar em contraste com o azul do céu, as ondas se quebrando na praia em singeleza ímpar. Apreciar as embarcações distantes no horizonte, as mais longínquas, como se fossem pontículos sem formas definidas, e as mais próximas com suas formatações imponentes. Sentir a brisa marinha no rosto e sorver a vida que brota desse cenário. Viver a magia de uma noite de Verão. Sonhar sonhos de amor no remanso da vida que transborda no palpitar do Verão.

Alguém com severo quadro de depressão não terá força vital para contemplar o luamento, nem tampouco buscar um passeio à beira mar. Dias chuvosos e frios são os cenários que parecem combinar com mais presteza ao que se encontra com depressão. Algo sombrio, que traz incerteza à condição humana, e o expõe a um dos mais cruéis sofrimentos impostos à alma humana. O quarto fechado para que o frestado de luz não penetre o ambiente, esse é o cenário do depressivo. Ele busca isolamento de tudo e de todos, restando apenas uma imersão tortuosa na própria dor.

Noite prateada pelo luamento, ainda que fria, sempre evoca situações de encantamento e traz, dessa maneira, a esperança para o psiquismo em sua efetivação de buscas de novos horizontes para a vida, como um cenário de superação de novas perspectivas. Nessa mitificação de ambientes e cenários para a ocorrência da depressão, ela dista de maneira abismosa daquilo que se conceitua sobre ela.

De forma simplista, podemos afirmar, sem qualquer margem de erro, que a depressão refletida e teorizada dista de modo colossal do sofrimento imposto pela depressão, vivido por alguém que padece em níveis desesperadores. E podemos afirmar inclusive pelo simples fato de que escrevemos e refletimos sobre a depressão na condição de observadores, e mesmo como cuidadores junto àqueles que sofrem de depressão em quadros agudos de desespero.

É possível afirmar que os curadores, quando se acham envoltos em processos severos de depressão, são os que mais sofrem diante dessa condição, até mesmo por terem consciência crítica de seus enfeixamentos e tentáculos na alma humana. E, no entanto, em que pese tais curadores terem sobre si o estigma de que são imunes a tais sofrimentos, eles também fazem parte da condição humana e sofrem psiquicamente como qualquer ser humano. Do mesmo modo que o oncologista pode ser acometido pelos mais diferentes tipos de câncer, um psicoterapeuta, na sua condição soberana de cuidador, por mais experiente e qualificado que seja, diante de circunstâncias adversas da vida, também pode padecer de quadros severos de depressão. O fato de abraçarmos uma determinada atividade, e a ela dedicarmos a própria vida, não nos isenta de sofrimentos inerentes à condição humana.

Uma das mais antigas cantilenas é aquela que faz com que muitos acreditem que a condição de curador nos isenta de algumas formas de sofrimento. Isso é irreal por não ter sustentação no frenesi que a vida se apresenta em sua cotidianidade repleta de intempéries e desatinos das mais diferentes naturezas. Como mera citação, podemos afirmar que o fato de ser psicoterapeuta, e arcar com os mais diferentes e contundentes aspectos do desespero humano, não me livra do sofrimento de ver um filho quedado enfermo e dilacerado em dor e desespero. Tampouco de estar isento de possíveis quadros de depressão diante da morte de entes queridos, ou ainda, diante da morte e de outras perdas significativas que a vida nos lança em sua complexidade estrutural. Depressão abarcando a todos indistintamente de modo livre e abrangente.

Depressão. Simplesmente depressão...

Depressão. Depressão...

Na quase totalidade das vezes, a depressão é enquadrada em alguma entidade nosológica e, dessa maneira, é vista como algo eminentemente orgânico. Assim, temos várias concepções que ganham força no cenário médico, considerando-a desordem neuropsiquiátrica. Assim, juntamente com as pesquisas psicofarmacológicas e o poderio das indústrias farmacêuticas, há um cenário da depressão que a considera uma patologia a ser tratada com o uso do recurso dos inúmeros fármacos que surgem a cada dia nessa seara.

A combinação de diferentes psicofármacos, que em sua base possuem sempre a busca desse equilíbrio orgânico, dista de todas as tentativas que tentam compreender a depressão como um sofrimento de natureza psíquica, o qual desequilibra o organismo pelo seu alto teor de sofrimento e pelas consequências imprevisíveis ao próprio organismo.

A epistemologia de compreensão da depressão poderia ser efetivada a partir da apreensão de um número significativo de casos e de seu enfeixamento na realidade contemporânea. Poderíamos, então, em uma pesquisa quantitativa, arrolar um número significativo de pacientes, e estabelecer o tanto que o desequilíbrio dessas substâncias sobre os neurotransmissores desses pacientes apresenta semelhanças e diferenças e descobrir a relevância de como esses pacientes apresentam aspectos similares em seu sofrimento a partir desses desequilíbrios orgânicos. O efeito medicamentoso sobre esses pacientes é algo exaustivamente estudado e pesquisado pela indústria farmacêutica. E desde possíveis efeitos colaterais, até possíveis períodos de restabelecimento, praticamente tudo está enfeixado na própria bula das medicações[1].

Então, o que nos restaria nessa busca conceitual seria uma revisão bibliográfica que contemplasse esses experimentos e pesquisas, os quais compõe o protocolo de atendimento da depressão nas lides psiquiátricas.

Nossa preocupação dista dessa epistemologia orgânica e converge para uma reflexão dos determinantes que levam uma pessoa a efetivar a escolha da depressão para a resolução de seus conflitos existenciais. Apesar do grande número de pesquisas que tentam reduzir a vida humana a conceitos meramente orgânicos, nossa tentativa de compressão será um frestado de luz, visando trazer o componente humano com seus sofrimentos, suas lágrimas e seus desatinos para o bojo dos fenômenos humanos. Fenômenos estes que estão a existir apesar dos tentáculos organicistas que, de modo estritamente mecanicista, reduzem a compreensão para a temática da depressão.

A praticidade medicamentosa e seus efeitos imediatos, algo, aliás, que vai ao encontro do imediatismo contemporâneo presente na quase totalidade das ações humanas, e que está colocada ao alcance de todos, e muitas vezes, até sem a necessidade da necessária prescrição médica, faz com que o desespero presente nos casos de depressão fique em segundo plano.

Uma simples busca no glossário das publicações das chamadas revistas científicas, e mesmo nas pesquisas acadêmicas, teremos uma quantidade incontável e inominável de trabalhos que apresentam na metodologia quantitativa a estruturação de suas asserções. Contudo, tenha o devido cuidado de ignorar aquelas publicações que são realizadas apenas para exibição em painéis de congressos científicos para obtenção de certificados de participação. A concepção organicista, impulsionada pela força da indústria farmacêutica, determina os caminhos que essas pesquisas devem seguir. E vamos encontrar pesquisas sobre a depressão em hospitais gerais, entre os idosos, entre jovens, e uns cem outros números de enfeixamentos temáticos relacionados à depressão, mas, em sua quase totalidade, o que temos é sempre a visão organicista determinando os aspectos que envolvem os resultados obtidos. E temos, então, que os

---

[1] Sobre esse assunto, teceremos reflexões mais abrangentes e pormenorizadas no capítulo VII desse livro.

resultados obtidos apresentam as diferentes formas de manifestações e alterações orgânicas acompanhadas dos respectivos números de ocorrência, mas quase sempre sem qualquer alusão ao desespero e a determinantes que possam ter levado esses pacientes ao quadro tão severo e de tanto sofrimento.

Depressão. Simplesmente depressão...

Depressão e Euforia

A euforia, também definida por mania, é caracterizada por um período de humor persistente e que, na maioria das vezes, não depende de nenhum estímulo para se manifestar. É como se surgisse do nada para se expandir por um tempo indeterminado, sem nada que pudesse justificar sua ocorrência. É importante frisar que não se trata da euforia normal, a qual podemos ter diante de algum acontecimento inusitado e inebriante. Essa é uma euforia contrária, tida como patológica, em que uma de suas características é a ausência de fatos que a justifique. Ela ainda possui traços de ser algo irritável, na medida em que a própria pessoa, em dado momento, se vê em situação desgastante com esse quadro infindável de euforia.

Durante o episódio de euforia ou crise maníaca, a pessoa se transforma e passa a se comportar de maneira estranha. Assim, na maioria das vezes, ocorre uma perda de controle do próprio comportamento.

A euforia, muitas vezes, pode estar associada a casos de doenças que afetam o sistema nervoso, como a sífilis e a esclerose múltipla. Nesses casos, o nosso enfoque de subjetivação dos quadros de depressão se vê alterado diante de algo decididamente orgânico e que apenas a medicação adequada terá o condão de atuar e incidir de maneira satisfatória seu alívio.

Esse quadro de alternância entre a euforia e a depressão atualmente se intitula *Transtorno Bipolar* e, anteriormente, recebia a denominação de *Psicose Maníaco Depressiva*. A mudança conceitual trouxe atenuante ao quadro da depressão por excluí-la da definição de psicose de maneira tão incisiva. E ademais, a denominação *Bipolar* define a ambivalência do comportamento sem aferir estigma tão severo como o enquadre em entidade nosológica psiquiátrica. E mais do que um mero jogo semântico, trata-se de excluir a pessoa que padece com esse quadro de alternância entre a depressão e a euforia de uma pecha tão severa, como a inserção em quadro de psicose.

Depressão. Simplesmente depressão...

Diante das pesquisas sobre depressão

A realidade acadêmica e a busca desenfreada do chamado rigor científico acabam determinando novos parâmetros de análise para a compreensão de diferentes temáticas.

Na medida em que as ditas pesquisas quantitativas proliferam de modo absoluto, e até mesmo naqueles casos em que o objeto de análise esteja envolto em aspectos determinantes de subjetivação, como a própria depressão, as coisas ganham contornos ainda mais delicados. Para validação e credibilidade das chamadas Ciências Humanas, busca-se indevidamente o respaldo das pesquisas quantitativas utilizadas nas Ciências Exatas, a fim de que seus resultados obtenham a honorável aceitação científica. Então, teremos um amontoado de gráficos, análises estatísticas, comparações com outros resultados de pesquisas adjacentes, e o enquadre preciso do número de ocorrências. Mas as questões que envolvem a subjetivação humana e a alma que pulsa em sangramento não são consideradas nessas pesquisas, até porque seus instrumentais de análise não consideram tais referências. Muitos estudos envolvendo depressão, e mesmo outros quadros de sofrimento da alma humana, como suicídio, solidão, angústia etc., distam da subjetivação inerente a tais sofrimentos. Teremos, assim, quadros estatísticos muito bem elaborados sobre gênero, idade, nacionalidade, horário de ocorrência, e mais uns cem números de detalhes, no entanto que igualmente não contemplam o sofrimento e a dor presentes nesses estados cuja alma clama por clemência diante do sofrimento.

O enfretamento da compreensão da depressão como fenômeno humano, diante da concepção organicista com seus meandros mecanicistas, é algo muito difícil de ser aceito, na medida em que essa fundamentação se estriba em algo real, como a disfunção dos neurotransmissores, ao passo que a nossa tentativa é compreender o sofrimento e o desespero da alma humana que levaram a essa disfunção.

A medicação atua sobre a disfunção orgânica sem qualquer apreço ao sofrimento que possa ter causado esse desequilíbrio. E na medida em que abordamos a dor subjetiva desse paciente, os aspectos de sua vida que provocam tais desequilíbrios têm uma luta desigual, inclusive, colidindo também com o imediatismo medicamentoso. A dor provocada pelo desespero humano e seus desatinos, e que irá trazer sérios comprometimentos ao organismo do paciente, tem nuances delicadas e crivadas de envolvimentos diversos, o que implica trabalho minucioso para que o reequilíbrio seja alcançado.

A definição conceitual de depressão a mostra como uma doença psiquiátrica, com componentes genéticos, cujos estudos com famílias, gêmeos e crianças adotadas indicam a existência de um componente genético, entretanto não é mostrado como tais resultados foram obtidos se não apenas, e tão somente, por meio de pesquisas quantitativas sem qualquer outro esmero e lapidação.

Outro aspecto bastante proeminente envolve aspectos da bioquímica cerebral, pois há evidência de deficiência de substâncias cerebrais, os neurotransmissores, citados anteriormente. Temos então que a noradrenalina, a serotonina e a dopamina estão envolvidas na regulação da atividade motora, do sono e do humor. Dessa maneira, a ação medicamentosa imprimida pela psiquiatria atua diretamente nesses neurotransmissores e tenta, de modo imediato, trazer alívio ao sofrimento do paciente. As suas dores principais, advindas do sofrimento psíquico, não encontram alívio na medicação analgésica. O sofrimento psíquico e os desatinos, situações que possam levar ao total desespero frente à vida, e que desequilibram essas substâncias cerebrais, não são considerados na quase totalidade das vezes.

E, verdadeiramente, falar em desespero humano e seus tentáculos diante do imediatismo da ação medicamentosa soa não apenas como algo dissonante, mas até mesmo como desprovido de qualquer sentido e razão. Mas esse será nosso intento, abordar o desespero humano e os aspectos que determinam a efetivação de sofrimento e sua derivação para o estado pungente trazido pela depressão. Mais um pouco do nosso atrevimento diante de poderes tão solidamente constituídos como a psiquiatria tradicional e a indústria farmacêutica.

Buscamos estruturas conceituais sobre a compreensão dos tentáculos que enfeixam a depressão em seus inúmeros detalhamentos. Vamos caminhar por conceitos teóricos e filosóficos sedimentados em nossa prática clínica com pacientes em profundos níveis de sofrimento ao longo da nossa vivência profissional como psicoterapeuta. Talvez, a grande contribuição para um melhor dimensionamento da depressão seja o fato de sermos coadjuvantes do soerguimento de inúmeros pacientes, e isso faz com que nossas reflexões possam alcançar outros tantos profissionais que atuam nessa seara.

E aqui estabelecemos um limite bastante preciso de nossa compreensão sobre a depressão. A depressão, assim como a febre, não é sintoma isolado. A febre é indício de que alguma infecção se apoderou do organismo. Do mesmo modo, a depressão, ao se mostrar presente, é sinal de que dramas pessoais de sofrimento estão crivando de dor uma alma que não mais suporta o peso do sofrimento imposto pela vida e seus disparates.

E ainda que seja a menor entre as menores será a nossa contribuição em busca da dignidade para tantas pessoas que padecem o sofrimento da depressão.

Depressão. Simplesmente depressão...

POESIA

Depressão e dor...

Valdemar Augusto Angerami

Para Sulica,
generosidade e doçura
no acolhimento aos desesperados

O Sol brilhando intensamente...
O quarto fechado não permite frestado de luz...
O fogo derretendo o ferro lentamente...
A dor transpassa da alma para o corpo...
Dor invisível, irreal... Lancinante
Sofrimento, desespero e lágrimas...
O coração tentando saltar pela boca...
A ânsia fazendo do desespero seu alento...
O gotejar da dor esmigalhando os sonhos...
Da vida que desabrochava...
E se torna pranto incontido...
Do Deus que se mostra impiedoso diante de tanta dor...
Da descrença em si...
E da morte rangendo seus dentes...
Do ferro derretido que na fundição tem o amarelo do fogo...
A alma ensanguentada está no escuro...
Nos braços da depressão...
Depressão, a companhia amiga que se tornou parte da alma...
Do Sol irradiando luz indiferente ao sofrimento...
Do abraço amigo que está ausente... Presente pela ausência...
Um fiapo de vida... Estrepe de espinho pela pele...
Da angústia que se une a depressão para mais sofrimento...
Da migalha de amor que faz falta ao esfomeado de afeto...
Esperança que se corrói diante da dor...
Do desespero que se mostra sem fim...
Do peito estrangulado sufocando a respiração...
Do dia que insiste em romper o frestado da janela com sua luz...

Da ausência de sentimentos...
Do ardor do desespero...
Do pavor de que essa situação se eternize...
De lábios que não conseguem a paz da oração...
Da longa noite turbulenta e nublada trazida pela depressão...
Do cascalho sobre o caminho enlameado...
O Sol continua lançando seus raios de luz...
O quarto continua fechado na penumbra...
O ferro vai adquirindo formas pelo amarelo do fogo...
A depressão tingindo a vida de cinza...
Da tormenta que não alcança o dia azul...
Das nuvens que escondem as estrelas...
E faz com que duvidemos de sua existência...
Depressão lancetando a alma de modo cruel...
E trazendo a realidade do desespero para a trivialidade da vida...
Depressão.... Depressão
Simplesmente depressão...

Serra da Cantareira, numa manhã azul de Primavera

CAPÍTULO IV

Da nostalgia

O pensamento vagueia...
E num repente estou na infância a passear de bonde...
Parece real que tudo pode voltar...

VALDEMAR AUGUSTO ANGERAMI

Vivendo no passado

Nostalgia pode ser definida como sendo aquela dor pelas recordações de situações vividas no passado distante. E mesmo essa definição do que seria um passado distante merece reflexão. Em Angerami (2003), asseveramos sobre a diferença entre o *tempo vivido* e o *tempo sentido*. Dessa maneira, *tempo vivido* seria aquele tempo passível de ser cronometrado, em segundos, minutos, horas, dias, semanas, meses e anos. É o tempo que estabelecemos com os parâmetros de sua determinação e ocorrência. Estabelecemos a cronologia da nossa idade de vida, do tempo da nossa formação profissional, e várias outras marcas sempre definidas por essa fórmula de criação humana, a estabelecer marcas em nossa trajetória de vida. O *tempo sentido*, por outro lado, é aquela ocorrência que não pode ser cronometrada, pois ele é fundamentado na pulsão de uma intensa emoção, de algo que não pode ser enquadrado racionalmente. Assim, o tempo de espera de uma criança pelo Natal e os presentes da ocasião não podem ser dimensionados em meses, sua ansiedade faz desse período algo eterno; da mesma forma não é possível colocar no mesmo patamar o ano em que um vestibulando se prepara para o exame vestibular e o ano de alguém que simplesmente está passando pelos meses sem qualquer marco regulatório para a sua vida; ou ainda, os dez minutos que antecedem a espera no aeroporto de alguém que está distante há muito tempo, e de quem se está muito saudoso. Igualmente, não serão os dez minutos de alguém que simplesmente vive sua cotidianidade sem qualquer outra definição.

Então, ao falarmos em passado distante para refletirmos sobre nostalgia, precisamos sempre ter como referência de análise o significado desse contexto na vida de uma determinada pessoa.

Nostalgia seria aquela saudade que nos traz, no imaginário, situações prazerosas e que, muitas vezes, servem como contrapontos ao momento cáustico que possa estar sendo configurado no presente. A nostalgia seria assim uma vivência, em que o passado é trazido ao presente de maneira absoluta, tornando-se a própria dimensão. A nostalgia nos remete, então, àquelas situações em que se possuía significado existencial, quando as experiências eram ricas e havia manifestações afetivas (ANGERAMI, 2001).

Evidentemente, falamos das situações de saudade cuja consciência nos remete a situações prazerosas, partindo-se do pressuposto óbvio de que dificilmente alguém terá saudade de sofrimento e desprazer. Certamente, quando se evoca o passado, trazendo à tona situações de dor, não há, na quase totalidade das vezes, evocação de saudade como reminiscência de algo que foi então vivido. Nessas situações, a dor que surge traz o passado de modo a vincar o sofrimento e, certas vezes, alargando-se para outras situações da vida dessa pessoa. São situações de sofrimento que estarão a demarcar novos procedimentos e, muito provavelmente, determinando condutas de cuidados e até mesmo de receios frente às novas situações apresentadas pela vida. Quando trazidas à consciência, as situações de dor e de sofrimento não são feitas com objetivo de reminiscências a serem preservadas.

A nostalgia será uma maneira escolhida para tentar atenuar a situação de sofrimento manifesta no presente. A escolha efetivada que busca significado de vida no passado quando as coisas e a existência possuíam sentido de plenitude, nada mais é do que uma maneira encontrada para fazer com que a própria vida não se desestruture de vez.

A depressão surge como modo de o organismo sinalizar que alguma coisa precisa ser modificada na estrutura da vida dessa pessoa. A depressão, assim, irá mostrar tanto para a pessoa que se vê acometida pelos sofrimentos inerentes à sua ocorrência como para seus amigos e familiares, que algo não está fluindo de maneira satisfatória em sua vida.

A nostalgia torna-se importante nessa ressalva para um devido balizamento de sua abrangência, é um sentimento suave e tem a condição de atenuar momentos cáusticos do presente trazendo um passado que foi prazeroso e que vai ao encontro de um presente que também está repleto de realizações e de conquistas significativas. Nessas situações, a nostalgia surge em nosso campo perceptivo a nos levar rumo a novos horizontes e a novas perspectivas existenciais. É frequente, por exemplo, pessoas se encontrarem depois de um longo período de distanciamento e, naturalmente, rememorarem situações prazerosas anteriormente vividas e que seguramente trazem uma nostalgia doce e suave, que certamente trará alento a essas pessoas. Esse tipo de situação pode ser definido como saudável, sendo, inclusive, bastante comum grupos de pessoas que se reúnem periodicamente para rememorar situações em que conviviam de maneira plena num estreitamento cotidiano.

Dessa maneira, pessoas costumam se reunir em torno de associações de ex-alunos de determinadas instituições, associações de representantes de determinados segmentos profissionais, grupos esportivos etc. O que ocorre nessas reuniões, em sua quase totalidade, é uma contínua evocação do passado, trazendo à tona as situações felizes vividas por eles. Essas vivências são igualmente determinantes de que, ao recordarem tais fatos, estão se solidificando entre si para a busca de algo que possa tonificar o presente no esteio de seus planos e metas atuais.

Nesses encontros, o que temos é um grupo de pessoas que se conheceu e conviveu em um determinado período da vida e que se reencontram na perspectiva de recordações prazerosas de outros momentos. E na realidade, por ocasião desses encontros, são estranhos uns aos outros, pois seguiram caminhos e direções diferentes e, às vezes, divergentes e excludentes. Mas a rememoração de outros momentos traz alívio ao presente, e isso, de modo geral, conforta a alma. O que não significa dizer, entretanto, que ao provocar tais recordações, algumas dessas pessoas não possam igualmente entrar em processo de sofrimento e, consequentemente de depressão, ao se depararem com sua realidade atual, ou ainda, quando se encontrarem sozinhas sofrendo de maneira contundente a dor daquelas lembranças. O mais comum, entretanto, é que essas reuniões sirvam para trazer ao presente a evocação daqueles momentos em que o grupo vivia outra realidade de vida e em que, igualmente, evoca-se apenas e tão somente situações prazerosas vividas anteriormente.

A nostalgia distante dessas comemorações, de outra parte, mostra-se muito ácida por trazer à consciência situações em que a pessoa tinha significado e afetividade, de modo a fazer um contraponto bastante contundente com sua realidade atual. Uma pessoa acometida pela nostalgia é alguém que padece inicialmente em termos emocionais para evoluir até mesmo em níveis orgânicos a dor a se ver sem significado e mesmo situações prazerosas em sua vida. Isso provoca até mesmo a perda do sentido de vida para sua realidade existencial em aspectos mais amplos. A nostalgia é dilacerante, pois apresenta sinais de deterioração da própria vida na medida em que situações significantes dessa pessoa são buscadas apenas e tão somente nas experiências do passado. E a dor dessas reminiscências, além de contundente, é igualmente torturante, pois o imaginário traz como lembrança apenas as situações e lembranças prazerosas. Dessa maneira, é comum ouvirmos relatos que se referem ao passado apenas como repletos de situações prazerosas, deixando de lado situações que eventualmente possam acrescentar algum tipo de dor a tais lembranças. É dizer que nessa configuração no passado erigido no imaginário não havia qualquer forma de sofrimento e dor, apenas situações prazerosas.

Imaginemos, por exemplo, e como mero contraponto ao que foi já exposto, alguém que se recorde dos tempos em que era estudante do colegial. Certamente, na quase totalidade das vezes, a lembrança reviverá aquelas situações prazerosas que envolviam essa fase. As situações angustiantes, que também estavam presentes no momento de uma prova acadêmica bimestral, ou nos momentos de desilusão amorosa, ou ainda, as possíveis dificuldades sociais, familiares e interpessoais, tudo enfim que seja desprazer será deixado de lado e apenas as recordações felizes serão trazidas à consciência.

É inerente à própria condição humana priorizar, relembrar e trazer ao nível da consciência apenas as situações prazerosas. Tenta-se lançar as situações de dor e de desprazer às raias do esquecimento com todo o organismo envolvido para que tais recordações deixem de fazer parte da vida. E embora não sejamos senhores da nossa própria vida, no sentido de trazer à consciência apenas aquilo que nos é prazeroso, certamente a evocação do passado, por uma deliberação reflexiva do imaginário, abrimos nosso campo perceptivo para aquelas vivências que o nosso campo perceptivo concebe como prazerosa.

O Vazio do Presente

Tomemos com referência reflexiva uma pessoa com cerca de 70 anos de idade. A vida que palpita num frenesi de segundos em busca de reminiscência de tempos suaves sucumbe diante de contrapontos com o presente, cuja constatação dos significantes do presente pode levar uma pessoa a um processo de grande depressão. É dizer que uma simples lembrança pode se tornar tortuosa ainda que sua evocação tenha sido prazerosa. E isso, por ser totalmente descontrolado, é algo que envolve de modo a fazer com que o sofrimento seja sequencial e de consequências imprevisíveis. Lembranças de quando os filhos eram pequenos e dependiam totalmente dos seus cuidados. Também serão evocadas situações felizes desses momentos, em que seu papel de mãe ou de pai era fundamental para que suas crianças se desenvolvessem. Lembrará ainda dos momentos de realização, quando faziam parte de maneira indissolúvel de tudo que envolvia a vida desses filhos. Num repente, entretanto, vê-se só, totalmente sem a presença desses filhos que, provavelmente, nesse momento poderão estar cuidando dos próprios filhos e igualmente sem poder significar para eles o que significavam na fase da infância.

Somos frágeis diante desse sequencial implacável que a vida nos apresenta. Uma realidade que se vê totalmente quedada diante do enredo que a vida nos lança de modo totalmente incontrolável. Se houver a possibilidade de cuidar dos netos, seguramente as lembranças da infância de seus filhos serão atenuadas, de modo a não provocar sofrimento, e nessas situações seu sentimento de pertencimento, e mesmo de importância na criação dessas crianças, trará um alento muito importante a esse momento da vida. Do contrário, teremos um sofrimento imenso, que certamente estrangulará ainda mais seu peito dilacerado.

Ao idealizarmos esse nosso paciente, configuramos uma situação semelhante num grande número de lares, cujo passado com o respectivo significado de papéis familiares tinha uma dimensão que se perde com o passar dos anos, na medida em que os filhos se desenvolvem e ganham autonomia diante da própria vida. Mas, no entanto, a nostalgia não é algo pertinente apenas a alguém que tenha perdido o significado de seus papéis familiares.

As situações de sofrimento trazidas pela nostalgia não estão apenas na evocação do passado, e sim na lembrança de pessoas que se fazem presentes pela ausência e pelas mais diferentes razões. Isso faz da nostalgia algo que se mistura a lembranças dolorosas do passado e a situações de sofrimentos da atualidade. O sofrimento pelas lembranças do passado existe quando perdemos o significado de nossa condição humana no presente, e quando perde totalmente o sentido de vida. Em Angerami (2018), colocamos que o sentido da vida é a propulsão capaz de dar significado a uma determinada vida. O ser humano encontra significado de vida em suas realizações, e sem essas a vida é totalmente sem sentido. Ao retirar as buscas de realizações de uma determinada vida, esse perde totalmente o sentido e se vê esvaziado. Uma criança de cinco anos de idade tem a vida pela vida, pois ainda não busca realizações para o seu desenvolvimento. Sua realidade é brincar e procurar amparo para suas necessidades básicas, e a busca por realizações para dar constitutivo e significado de vida só irá ocorrer na sequência de seu desenvolvimento pessoal.

Nessas situações, nós focamos o passado como um momento, uma situação em que significamos potencialmente em termos pessoais e sociais, numa dimensão em que o próprio sentido de vida era algo tangível e solidamente estruturado. A volta ao passado surge, assim, no esboço de uma realidade em que a falta de sentido da vida faz do presente uma realidade turva, direcionando-se ao passado em busca de sentido e significado. É no passado que existem valorização e plenitude de suas realizações existenciais.

No passado, a vida pulsava de modo gratificante, e a tenacidade da luta no cotidiano era capaz de levar sucumbência aos desatinos e aos problemas que surgiam ao longo do caminho. Igualmente, no passado, as próprias condições de crença em um futuro promissor eram capazes de levar essa pessoa ao sonho e à esperança de dias melhores em sua realidade subsequente. Tudo que era significativo aconteceu no passado, não que não exista a possibilidade de realizações no futuro, mas o passado tem sua ocorrência tingida apenas pelas recordações prazerosas, ao passo que o presente apresenta a vivência de situações prazerosas e daquelas sem qualquer traço de prazer.

Temos situações, ainda, em que somos acometidos por um sentimento, em que por falta de uma definição mais clara, também será chamada de nostalgia. Fazemos referência àquelas situações em que nos deparamos acometidos por um sentimento de nostalgia ao idealizarmos como seria a vida naquele período, e até mesmo, em que circunstâncias ocorreriam as relações interpessoais. Imaginemos como reflexão nossa postura diante de um quadro fotográfico que retrata São Paulo no início do século XX. O bonde transitando pela rua com os homens vestidos com seus ternos e chapéus, e as mulheres com seus vestidos de muito requinte, tudo com muita elegância. Em fração de segundos, seremos transportados para aquela realidade. E seremos acometidos apenas por sentimentos criados em nosso imaginário, os quais nos reportam ao nível da mera idealização de como as relações interpessoais e a vivência social eram mais ricas e profundas naquele cenário. E de maneira bastante libertária, levamos nosso imaginário até onde nossa idealização pode conceber a definição de uma sociedade ideal. E ainda que estejamos nesse movimento, como vimos anteriormente, efetivando uma busca ao passado para atenuarmos as agruras do presente, ainda assim, trata-se de evocar situações provocadas pela cena fotográfica e que serão idealizadas igualmente no imaginário com elaborações mentais difusas, e não por dados de uma suposta realidade.

No entanto, ao evocarmos elaborações do passado e nos vermos acometidos pelo sentimento de nostalgia, podemos entrar em profundo estado de depressão. Nesses casos, mais do que a simples constatação da depressão estará presente a maneira como a pessoa se porta diante de situações da sua vida, evidenciando, nesse processo, um deslocamento dos seus verdadeiros níveis de sofrimento. A depressão evidenciará sofrimentos que transcendem sua própria sintomatologia.

De maneira constrita, encontraremos indícios das razões que levaram essa pessoa a escolher a depressão como forma de alívio aos seus desatinos pessoais. E ao decidir pela depressão, e não por outros tipos de sofrimentos orgânicos, a pessoa direcionará suas possibilidades existenciais para outras determinantes, numa abrangência muito ampla de seu nível de sofrimento.

Temos ainda que considerar aquelas situações que envolvem nossa totalidade de vida em certas circunstâncias, e que definimos como nostalgia. Certamente, elas merecem um direcionamento mais amplo para ser compreendido em sua verdadeira essência. Desse modo, ao nos encantarmos com o pôr do sol e ficarmos tomados por uma imensa tristeza que não se define e nem encontra conceituação nos parâmetros da racionalidade, podemos, seguramente, constatar estar sentindo uma melancolia que nos invade a alma, e não necessita de limites conceituais para se tornar real. Ou, igualmente, quando estamos na praia contemplando o mar e nos perdemos em divagações sobre a essência da nossa vida diante de tanto esplendor. Temos, então, sentimentos que podem ser definidos como uma suave e doce nostalgia, a qual não precisa de elementos do passado para se instalar em nosso ser. No entanto, essas vivências podem, mesmo sem a evocação do passado, remeter-nos a reflexões que mostram a necessidade de uma redefinição de nossas vidas.

Nessas situações, a reflexão provocada pelo contato com a nossa subjetivação pode nos direcionar à necessidade de resgatar nossa dignidade, que pode estar escamoteada diante de sofrimentos dos mais diferentes matizes. Nesses casos, a depressão é a pontuação imediata de uma profunda reflexão para a necessidade de uma nova configuração de nossas possibilidades de vida. A depressão surge no seio de um nível muito amplo de sofrimento e de condições que se agrupam e se alternam na dinâmica de vida de uma pessoa. Mas sempre é uma manifestação que mostra outras situações de turbulência ocorrendo com essa pessoa.

Merleau-Ponty (1971) assevera que a apreensão de mim por mim é coextensiva à minha vida como sua possibilidade de princípios ou, mais exatamente, essa possibilidade sou eu, eu sou essa possibilidade e por ela todas as outras. É dizer que a depressão, ao se incrustar na vida de uma determinada pessoa, abrange uma totalidade que vai além dessa para se expandir para situações em que a totalidade da vida estará impregnada por essa determinante, a depressão e seus tentáculos. Ao analisar a depressão como possibilidade inerente à condição humana, estamos, na realidade, conferindo-lhe uma condição que implica por si em compreendê-la em todas as suas nuances.

A depressão sempre carrega consigo um detalhamento bastante amplo e abrangente de diversos fatores que incidem de maneira indivisível sobre a vida dessa pessoa. Assim, diante dos procedimentos da psiquiatria contemporânea, que simplesmente prescreve determinada medicação para o enfrentamento da depressão, como dissemos, nada mais ocorre que não o mascaramento da própria sintomatologia, tornando-a, dessa maneira, não mais uma manifestação dita humana, mas algo que foi simplesmente conceituada como entidade nosológica. E como tal se explica e se fundamenta nessas circunstâncias. E, ao contrário do que podemos inferir desses avanços medicamentosos que prometem a *cura* de maneira milagrosa, a depressão cada vez mais se evidencia no seio das sociedades modernas como uma manifestação da contemporaneidade. Temos então, pacientes que se utilizam da prescrição medicamentosa por décadas para o enfrentamento do sofrimento trazido pela depressão, e, sem qualquer atenuante a esse quadro tão perverso de dependência medicamentosa, não toca sequer tangencialmente no amago de seu sofrimento psíquico.

Na medida em que somos reféns do nosso próprio imaginário, e a todo o momento somos levados ao encontro dos mais variados tipos de reminiscências saudosistas, a depressão é, então, algo que surge naturalmente na vida de determinada pessoa diante do teor dessas reminiscências.

Evocar situações nostálgicas, algo tão espontâneo e corriqueiro que o sofrimento advindo de tais circunstâncias, é cáustico apenas, e tão somente o vazio com o que o presente se afigura, ou ainda, na maneira como se vivencia os aspectos desse confronto no sentido de depreciar suas experiências do presente em detrimento do que foi vivenciado no passado.

Merleau-Ponty (1971) coloca que o encontro em mim é sempre a referência a essa presença originária, e entrar em si é identicamente sair de si. Esse movimento contínuo de reflexão que efetivamos em nosso cotidiano, o qual circunda nossa própria vivência em seus aspectos mais distintos e subjetivos, é algo que se apropria do nosso ser, deixando apenas um toque indelével de algo que foi vivido e necessita de outros signos para ser conceituado como psicopatia. A depressão é, indiscutivelmente, algo bem mais amplo do que sua simples catalogação em entidade nosológica que se pode aprisionar em determinado conceito e dominá-la com o uso de determinada medicação.

A depressão é um sofrimento que surge no âmago da alma humana e nos lança ao encontro de nossas possibilidades libertárias, ainda que esse processo seja, em princípio, doloroso e que a nossa própria percepção não possa alcança-lo em todo o seu dimensionamento. É dizer que muitas vezes determinada dor emocional que esteja a nos lancetar a alma em contexto sequencial será algo que poderemos considerar como ponto de mutação para que empreendamos novos projetos existenciais, para assim definir uma nova concepção de vida.

É a dor que não permanece estanque no seio do sofrimento de determinada pessoa, a qual se atira nos braços da depressão para buscar novos contornos e configurações em sua vida. A depressão é um indício de que todas as nossas outras possibilidades existenciais, e para as quais nos abrimos continuamente, buscam um enfeixamento além da nossa compreensão, e que atinge nossa plenitude humana.

E de outra parte, ao falarmos em depressão como ocorrência presente no seio da contemporaneidade estamos igualmente afirmando que não é possível estabelecer parâmetro de condições atuais de vida sem a sua presença cáustica. É verdadeiro ainda afirmar que muito do sofrimento psíquico que acomete pessoas dos mais diferentes matizes está direcionado pela conceituação que se faz das sintomatologias envolvendo a depressão. A desesperança, como mera citação, é algo que, na quase totalidade dos casos, está imbricada com aspectos que se apresentam configurados, como a depressão.

É fato que a desesperança possui uma linha bastante tênue com a depressão, mas essa configuração se mostra fundida e nem sempre verdadeira. Inclusive, existem casos de desesperança que necessariamente não apresentam dados depressivos, ao passo que muitos casos, por outro lado, podem desembocar em depressão profunda.

É igualmente verdadeiro o fato de que ao conceituar desesperança esbarramos no conceito, nem sempre verdadeiro, de que alguém desesperançado estará acometido de depressão. A desesperança traz em si um conjunto de fatores que se funde com a depressão na dimensão de sua própria sustentação.

Depressão. Simplesmente depressão...

CAPÍTULO V

Da Melancolia

O pessimismo jamais ganhou qualquer batalha...
Ele é o acirramento da descrença em si mesmo
SABEDORIA CIGANA

Sofrendo pelo que não foi vivido

Vamos definir melancolia como situações em que a pessoa sofre por aquilo que não viveu. Dessa maneira, na grande maioria dos casos, teremos pessoas que atingem a velhice e começam a relembrar as escolhas que efetivaram ao longo de suas vidas, e consequentemente, aquilo que deixou de viver em razão dessas escolhas. É evidente que, ao efetivarmos determinada escolha em nossa vida, concomitantemente aniquilamos outras possibilidades.

Assim, como mera citação, se me decido a casar com Maria e não com Luísa, estou dizendo não às possibilidades que eventualmente seriam pertinentes à vida conjugal com Luísa. E, ao escolher me casar com Maria, estou fazendo igualmente uma escolha a partir da qual tudo que envolveria um casamento com Luísa se torna apenas possibilidade, não vivida. Então, diante de um possível fracasso do casamento realizado com Maria, não é igualmente viável dizer: *"se eu tivesse me casado com Luísa, teria sido bem melhor".* Tal colocação é indevida, uma vez que não é possível a existência dessas duas situações com o mesmo número de variáveis e filigranas. O casamento com Luísa torna-se, assim, uma possibilidade aniquilada diante da escolha de casar com Maria. E diante do meu eventual fracasso com Maria, a tendência é lamentar a escolha efetivada e criar no imaginário como seria o desenrolar dos fatos se a escolhida tivesse sido Luísa.

E aqui temos um fator bastante importante de análise e que, na quase totalidade das vezes, é deixado à margem das discussões. Ao efetivar uma determinada escolha, sempre a fazemos tendo como sendo a melhor possível diante do que nos é apresentado. A escolha é feita diante de possibilidades. Nesse sentido, não é possível avaliar a escolha, qualquer que ela seja, pelos resultados obtidos, afinal, no momento da escolha não se sabia do resultado, a não ser como mera possibilidade. Merleau-Ponty (1999) assevera que no presente, na percepção, meu ser e minha consciência são um e o mesmo, não que meu ser se reduza ao conhecimento que dele tenho e esteja claramente exposto diante de mim. É dizer que, no momento da escolha, sempre tenho como certeira a decisão tomada e, diante dos resultados, muitas vezes contrários ao projeto original, não é possível julgar-se a determinação da escolha.

De outra parte, em nosso cotidiano, estamos a todo o momento efetivando escolhas que nos direcionam para os mais diferentes caminhos e labirintos, e, concomitantemente a essas escolhas, assumimos tudo o que é pertinente em termos de consequências e desdobramentos dessas escolhas. E na medida em que a vida não permite que voltemos atrás em nossa temporalidade, e tampouco abre a possibilidade de refazermos alguma ação passada, e assim resgatar aquilo que julgamos fosse, ou melhor, que teria sido a melhor escolha, e, mesmo assim, sempre diante dos resultados obtidos. Satisfação garantida ou seu dinheiro de volta é *slogan* para loja de departamentos na tentativa de divulgar a qualidade de seus produtos, mas não para as escolhas que fazemos.

Desse modo, se lamentarmos determinada escolha, não temos a quem recorrer ou reclamar, pois somos os únicos responsáveis pelas escolhas e pertinências de nossos atos. E o que é mais drástico, ainda que tentemos nos assegurar com as mais diferentes precauções, para evitar sobressaltos sorrateiros em nossa vida, ainda assim, estamos o tempo todo diante das mais variadas situações que nos mostram que a imprevisibilidade da vida sempre está a nos exigir uma atitude existencial plena para não sucumbirmos diante dos acontecimentos.

Em Angerami (2003), reiteramos a diferença entre imprevisibilidade e imprevistos. Imprevistos são aquelas situações que nos surpreendem em nossa cotidianidade, como um pneu de carro furado que irá provocar um atraso a determinado compromisso. Imprevistos de toda natureza ocorrem em nossa cotidianidade e nos fazem atentos para a sua ocorrência a fim de evitá-los.

Imprevisibilidade, por outra parte, são aquelas situações que, por mais que se reflita sobre elas, por mais que haja preparo para a sua eventual ocorrência, jamais saberemos o teor da reação antes do seu surgimento. Ninguém jamais poderá afirmar como serão seus sentimentos diante da morte, e isso em que pese leituras, reflexões, *workshops*, orações e tudo o mais que se queira arrolar como preparativo para o enfrentamento da morte. Apenas no momento da morte é que a coisa poderá ser balizada, pois estamos diante de uma situação de imprevisibilidade da vida, situação para a qual não temos como prever e nos prepararmos para o enfrentamento. Da mesma forma, ninguém pode dizer como serão seus sentimentos diante da morte de um ente querido, ou mesmo diante de uma situação de assalto, ou durante um possível incêndio em um prédio em que se esteja. Situações de imprevisibilidade que nos deixam totalmente quedados frente aos fatos e reféns de um sem número de sentimentos que não é possível sequer conceber.

A imprevisibilidade faz da vida esse mistério que surpreende a cada instante, pois mostra de maneira inominável as diferentes alternâncias que a vida apresenta, e para as quais não temos como nos precaver por mais que possamos acreditar ter controle dos sentimentos. Um claro exemplo disso são as inúmeras pessoas que passam a vida poupando quantias para assegurar uma velhice tranquila, ainda que essa definição necessite de conceituação. No entanto, desde planos econômicos governamentais, até a própria inexorabilidade da morte, tudo faz com que, apesar das viagens deixadas de lado, de outros tantos prazeres recusados para que se fizesse tal poupança, nossos esforços efetivamente perdem força e contexto diante de tais ocorrências. E a tal da velhice tranquila simplesmente não irá existir. O pior é que, os exemplos, apesar de inúmeros, mostram que uma grande quantidade de pessoas ainda acredita poder precaver-se diante das imprevisibilidades da vida.

Merleau-Ponty (1999) coloca que é manifesto podermos distinguir em nós mesmos sentimentos *verdadeiros* e sentimentos *falsos*, que tudo o que é sentido por nós em nós mesmos não se acha, por isso, situado em um único plano de existência nem é do mesmo modo verdadeiro, que em nós mesmo não se acha, por isso, é situado em um único plano de existência não verdadeiro. Maurice Merleau-Ponty coloca que em nós existem graus de realidade assim como fora de nós existem reflexos, fantasmas e coisas. Ao lado do amor verdadeiro, existe um amor falso ou ilusório. Esse último caso deve ser distinguido dos erros de interpretação e daqueles casos em que dei nome de amor a emoções que não o mereciam. As alternâncias que se fazem presentes em nossa vida são lampejos das contradições exibidas e que se imbricam em nossos constitutivos de vida.

Somos uma realidade interseccionada com as diferentes fases da nossa vida, e o nosso desenvolvimento sequencial, com toda a sua gama emocional, não pode prescindir de nenhuma etapa desse desenvolvimento.

As escolhas que fazemos estão, assim, diretamente relacionadas à maneira como concebemos até mesmo nossos valores pessoais, convergindo então para uma possibilidade de desdobramentos que sempre nos leva à renúncia de outras tantas possibilidades. Por outro lado, e não existe outra maneira de ação, efetivamos escolhas em nossas vidas de modo ininterrupto. É evidente que determinadas escolhas como em que avenida transitar diariamente, seguramente não nos provoca angústias como aquelas que implicam o próprio ressignificado da vida, como uma mudança de cidade em busca de novas perspectivas profissionais e pessoais.

Ocorre que o ponto desestabilizador dessas escolhas é o fato de muitas pessoas negarem a imprevisibilidade da vida, e isso realmente é algo inviável. Aquilo que decidimos está destinado a se tornar a resultante das determinantes que nos direcionam rumo aos parâmetros de escolha. Daí a necessidade de buscarmos sempre as variantes que nos conduzam àquela que consideramos a melhor escolha em nossos caminhos.

O fato de ficarmos com outras possibilidades em nosso imaginário, diante de uma escolha já efetivada, faz com que tais hipóteses sejam contaminadas por alto teor de idealização. Assim, retomando nosso exemplo inicial, ao decidir casar-me com Maria, as possibilidades inerentes a um possível casamento com Luísa são idealizações concebidas na esfera do imaginário sem, inclusive, necessitar da menor congruência com aquilo que envolve o conhecimento apreendido em minha consciência sobre as peculiaridades de Luísa.

As idealizações presentes nas possibilidades fantasiosas faz com que sejam concebidas como a melhor escolha, pois são calcadas no imaginário, enquanto a escolha efetivada é calcada no real.

Vejamos, ainda, como contraponto dessas citações: quando decido viajar em um final de semana em vez de ir a uma festa. A viagem é real e a festa uma idealização erigida no imaginário. A viagem é escolhida pela crença de que essa será a melhor alternativa diante da festa. No entanto, se a viagem for desagradável, irei idealizar em meu imaginário que a melhor opção teria sido a festa. No entanto, a festa é apenas uma possibilidade que não se efetivou, não tendo, portanto, condições de ser pareada em nível de igualdade com uma vivência real. Ademais, existem tantas e tão variadas circunstâncias que envolvem uma escolha, idealizada ou vivida, que praticamente é impossível estabelecer critérios de avaliação ao longo da nossa vida para que possamos eleger aquela que seria a melhor, diante das possibilidades que a vida nos apresenta. E, frise-se mais uma vez, a possível conceituação de decisão do acerto da escolha não pode ser feita a partir dos resultados obtidos, pois esses sempre são posteriores.

Sendo assim, sempre deixamos de lado uma série incontável de possibilidades ao longo de nossa vida, às vezes, na mesma linha sequencial, estabelecendo condições que nos deem, ainda que de maneira ilusória, parâmetros para que possamos efetivar sempre a melhor escolha ao longo da nossa vida.

Nesse ponto, é necessário enfatizarmos o termo *ilusória*, pois decididamente essa é a melhor definição para a crença de que estamos realizando a melhor escolha diante das possibilidades que se apresentam. A minha escolha é o resultado de mim mesmo enquanto determino as minhas condições pessoais. Sartre (1970) afirma que o homem está condenado a ser livre. Condenado porque não criou a si próprio, e, no entanto, livre porque uma vez lançado ao mundo, é responsável por tudo quanto fizer. Essa citação quase sempre presente nos escritos existencialistas é, sem dúvida, um dos pontos mais marcantes a nos mostrar a responsabilidade de nossas escolhas ao longo da vida. Ou ainda, nas palavras de Rilke (1976): *assim a flecha ultrapassa a corda, para ser no voo mais do que ela mesma. Pois em parte alguma se detém.*

E, ao efetivarmos nossas escolhas, estamos sempre indo além das nossas possibilidades, ainda que façamos opções a partir do conhecimento prévio que possuímos das variáveis a determinar essa escolha. Isso, até mesmo, para aquelas escolhas simplistas do cotidiano, como um filme a ser apreciado, ou o trajeto a ser percorrido diariamente. E tanto quanto dimensionamos nossas possibilidades pessoais, igualmente dimensionamos as escolhas fundamentadas nas perspectivas dessas mesmas possibilidades. É nossa condição humana, em última instância, a qual não permite condicionar a nossa existência a grilhões comportamentais, por mais confortáveis que possam ser tais perspectivas. Igualmente é a condição humana que nos leva à constante idealização das possibilidades inerentes à própria vida. Idealizamos e concebemos projetos existenciais visando alcançar possibilidades calcadas na idealização. Assim, aquelas pessoas que passam anos amealhando economias para realizar uma determinada viagem idealizam o prazer que terão durante a viagem. Não raro, quando realizam tal viagem constatam que a idealização era muito mais prazerosa que a viagem em si.

Como mera citação, podemos imaginar como seria a viagem de Verão em uma praia cuidadosamente escolhida. No imaginário, essa praia será limpa; as águas do mar serão lindamente esverdeadas; o azul do céu maravilhoso, emoldurado por um Sol escaldante. Na viagem propriamente dita, podemos nos deparar com dias de chuva e com praias sujas e superlotadas.

A idealização do imaginário cria constitutivos e contornos aos fatos que transcendem qualquer forma de análise e concepção conceitual. Merleau Ponty (1999) coloca que entre a explicação empirista e a reflexão intelectualista existe um parentesco profundo, sendo sua ignorância dos fenômenos. É dizer que a concepção da realidade precisa da vivência para tornar-se real, e assim, vincar-se além do constitutivo do imaginário.

O imaginário é livre para a idealização de qualquer teor, e não possui sequer amarras que possam dimensionar sua amplitude. Vivi na infância uma situação interessante que ilustra essas citações. Ouvia os adultos comentarem que iam ao bar tomar um pingado. Ficava então imaginando como seria bom ser adulto para entrar no bar e tomar uma dose de pingado, afinal, via esses adultos interrompendo suas atividades diversas vezes ao dia para irem a busca desse pingado. Assim, passei alguns anos idealizando o quão maravilhoso seria isso. Tão logo adentrei na adolescência, corri para um bar e, de forma soberana, pedi uma dose de pingado. E o rapaz prontamente me serviu café misturado com leite. O pingado que tanto idealizava nada mais era do que uma porção de leite misturado com café, algo que tinha na minha própria casa, à minha disposição, a qualquer momento, e sem a necessidade de esperar pela vida adulta para saborear. Mas a idealização criada em meu imaginário fazia do pingado algo inimaginável, e o prazer que aqueles adultos mostravam ao se dirigir ao bar em sua busca certamente mostravam uma bebida que deveria ser fascinante. Essa idealização, inclusive, não permitia que alguém me contasse o que era um pingado, era necessário que eu fosse a um bar e o experimentasse.

O desespero da vida real

Laing (1972) assevera que os relacionamentos ilusórios afetam a experiência física. Um amante secreto fantástico excita o corpo, e essa excitação acarreta uma constante procura de descarga sexual. As sensações reais são evocadas no corpo por uma imaginária relação sexual com um fantasma, mas é difícil satisfazê-lo na realidade. É fato que muitas pessoas afirmam experimentar sentimentos bem mais prazerosos em situações imaginárias do que no real. Dessa forma, muitos sentem verdadeira excitação sexual com a antecipação imaginária de uma relação sexual, mas diante da realidade, o momento não proporciona o desejo ou a gratificação esperada.

Viver reminiscências do passado ou idealizações do futuro pode ser menos satisfatório do que viver no presente, mas não trará a decepção para a realidade. O presente jamais será o que foi ou o que poderia ter sido. Na procura de algo fora do tempo, existe um enervante senso de inutilidade e desesperança. Desesperança, primeiro, pela própria impossibilidade de resgatar e apropriar o tempo, ainda que apenas no imaginário; segundo porque, por mais que se busquem alternativas que mostrem o enredamento diante das escolhas que foram efetivadas ao longo da vida, ainda assim, não há como modificar a estrutura daquilo que foi vivido. O tempo é vazio. Tão fútil como inevitável. Uma falsa eternidade, feita de todo o tempo disponível e que se arrasta para sempre. Viver infinitamente no passado ou no futuro, é uma tentativa de viver fora do tempo, apenas uma parte dele. O presente jamais é realizado.

A melancolia tem ainda como agravante o fato de a pessoa não apenas estar presa a um passado remoto, mas também, e principalmente, a um passado que não foi vivenciado, que se configura tão somente como possibilidade idealizada e não vivida.

A qualidade da realidade vivida dentro da idealização pode ser encantadora, mas sempre será irreal, sempre será fantasiosa. A fantasia é, antes de qualquer outra conceituação e construção teórica, uma idealização na qual procuramos dar contornos prazerosos a experiências que, ao se efetivar, podem se mostrar como vazias e até mesmo cáusticas.

A questão que se coloca, então, é como podemos estruturar nossa vivência sem dar contornos excessivos de idealização, se praticamente a totalidade das nossas experiências, em princípio, são idealização do imaginário?!

Em Angerami (2003), colocamos que não existe ação humana que não se inicie no imaginário. Assim, desde um simples telefonema, o qual antes de efetivar a ligação imagina-se o diálogo que será estabelecido com o interlocutor, até processos cognitivos mais complexos, tudo, absolutamente tudo, inicia-se originalmente no imaginário. Em uma situação como essa, eu imagino como será a conversa com o interlocutor com quem pretendo dialogar; imagino como será o percurso de casa até o local de trabalho. E da mesma forma, o cientista imagina, inicialmente, a grande obra que irá criar com seus constitutivos teóricos e científicos. Eu imagino a praia em minhas férias de Verão; imagino como será minha vida no futuro. Imaginário a solta criando fatos e dados que poderão se tornar realidade.

E, se ampliarmos ainda mais o nosso leque de análise, veremos ainda que até mesmo os relacionamentos interpessoais são permeados pelo processo de idealização. Assim, idealizamos as características que uma determinada pessoa deverá ter para que possamos considerá-la amiga, namorada, amante, secretária etc. Idealizamos os relacionamentos interpessoais e, seguramente, podemos afirmar que muitos não se sustentam pelo simples fato de as idealizações serem muito além das características que envolvem a pessoa em foco. E se é fato que muitos relacionamentos desmoronam apenas por incompatibilidades de convivência e de valores morais, sociais etc., outros, entretanto, simplesmente acabam por idealizarmos algo excessivo em nosso imaginário que pode estar muito além das possibilidades de realização e ação de uma determinada pessoa.

Tomemos como parâmetro a questão da inveja, algo totalmente estruturado no imaginário e que, muitas vezes, não toca sequer tangencialmente com o real. E como simples citação reflexiva, imagine a situação contemplativa ao observar um homem passar diante de mim em um carro importado cercado de todo luxo, riqueza e requinte passíveis de serem encontrados em um veículo. Ao invejar essa condição, eu idealizo que o homem nesse carro possui todas as mulheres, todo o prazer, todo o conforto, e tudo mais que quiser arrolar e que eu não possuo. Idealizo que se eu também tivesse um automóvel com essas características teria igualmente tantas mulheres e tanto prazer quanto aquele homem. No entanto, aquele homem pode, simplesmente, estar indo ao encontro do suicídio naquele carro luxuoso, ou ainda, que não haja contornos tão drásticos, nada pode assegurar que aquele carro transporta um homem possuidor dos prazeres por mim idealizados.

Da mesma forma, quando evocamos situações do passado, com exceção dos momentos de dor e sofrimento, que nos marcaram a vida de modo negativo, o que se evidencia são situações prazerosas, como a mostrar que no passado não existiram dores. Falamos, por exemplo, da adolescência como um período em que não havia lugar para a dor, em que o sofrimento não encontrava guarida. E, no entanto, não apenas a adolescência, mas todos os períodos de nossa existência são permeados por essa dialética que inclui momentos de prazer alternados com desprazer. E assim, sedimentamos nosso imaginário dando-lhe contornos e configurações que estabelecem alicerces estruturais apenas com fatos e vivências estabelecidas a partir de fatores que deem consistência à nossa estrutura emocional.

Desse modo, o sofrimento provocado pela melancolia é um sofrimento impiedoso, pois remete a situações localizadas no passado que não foram vivenciadas. E o que existe ainda de agravante é que muitas dessas experiências não vividas podem ainda provocar culpa nessa pessoa, seja pelo desdobramento de suas escolhas, seja pelas circunstâncias em que essa escolha foi efetivada.

Merleau-Ponty (1999) ensina que, no presente, na percepção, meu ser e minha consciência são um e o mesmo, não que meu ser se reduza ao conhecimento dele tenho e esteja claramente exposto diante mim – ao contrário, a percepção é opaca, ela expõe em questão, abaixo daquilo que eu conheço, meus campos sensoriais, minhas cumplicidades primitivas com o mundo. Em termos perceptivos, estou aberto a um conjunto de emoções que me dominam e me crivam de aspectos cuja consciência não alcança o próprio dimensionamento. A vida em seu sequencial de possibilidades não tem aspectos estanques em seu desenrolar, algo que permita que possamos nos organizar de modo a se preservar diante de possíveis emoções.

Os casos de melancolia apresentam traços bastante definidos e muito bem delimitados de como a pessoa está sofrendo pela idealização que faz das escolhas não vivenciadas. E o que é ainda pior, das escolhas que incidiram na sua responsabilidade frente aos desatinos da própria vida.

A melancolia traz um sofrimento bastante cáustico, pois vai provocar um enfeixamento de variáveis que circundam as possibilidades pessoais de determinado indivíduo, incidindo sobre ele o peso das escolhas que realiza ao longo da vida. Na melancolia, a depressão apresenta uma de suas facetas mais dilacerantes, na medida em que as reflexões realizadas junto ao paciente poderão levá-lo apenas a concluir que seu sofrimento deriva de idealizações efetivadas em seu imaginário, sendo que, em termos de realidade, sua vivência não está estruturada em pertencentes ao passado e não deveriam incidir sobre as experiências efetivamente vividas.

A depressão associada aos quadros de melancolia é revestida de uma dor profunda e tingida com cores bastante carregadas de desespero na medida em que está envolta em sofrimento, criado em última instância pelas articulações e elaborações do imaginário. Trata-se de um sofrimento em que o desespero humano poderá levar as pessoas às raias da destruição e da aniquilação existencial, pois não há como superar experiências que não foram vividas no passado e que estão trazendo sofrimento no presente.

Como ilustração, tomemos um paciente com quadro depressivo intenso, o qual atendi alguns anos atrás. Ele havia se aposentado como funcionário público e carregava com grande fardo sobre seus ombros o fato de ter escolhido a estabilidade do funcionalismo público diante de uma possibilidade que surgiu em sua vida. Ele tinha um irmão que, em dado momento, propôs que abrissem uma loja de tintas a partir das economias que possuíam. Ele recusou essa parceria e continuou com sua estabilidade funcional, argumentando que não poderia correr riscos dessa natureza em razão de sua responsabilidade de sustento da sua família. O irmão abriu a loja sozinho e depois de alguns anos estava com várias filiais e numa condição financeira invejável. O nosso paciente sofria por ver a condição dos seus sobrinhos que, a partir da condição financeira do irmão, desfrutavam dos melhores colégios, de muitas viagens e de tantos outros detalhes que seus filhos não tinham alcance em razão de sua precariedade salarial.

Ele sofria com o ressentimento de que talvez tivesse sido possível ter legado a seus familiares uma vida mais confortável em termos econômicos e financeiros se tivesse escolhido empreitar-se na sociedade com o irmão, ao invés de optar pela estabilidade trazida pelo funcionalismo público. Segundo suas palavras: *"optei pela estabilidade na merda (sic)"*. Decididamente, nosso paciente sofria diante de uma possibilidade que não foi efetivada, e como vimos anteriormente, trazia consigo toda a idealização daquilo que seria melhor para sua vida e a de seus familiares.

Ele se arrependia, ao mesmo tempo em que se via ressentido com o nível de sofrimento, ou ainda, em outro extremo, com o conforto socioeconômico que não havia propiciado aos familiares. Sua depressão o impedia, inclusive, de se fixar em novos projetos no presente, e como ocorre na maioria dos casos, a questão apresentada era que sua vida não teria mais perspectiva de futuro em razão das escolhas que efetivara no passado.

A melancolia fazia com que ele sofresse muito, e de maneira desesperadora, pois tudo o que o envolvia efetivamente dizia respeito apenas e tão somente às escolhas que fizera no passado: proteger-se no funcionalismo público e não empreitar uma atividade com todos os riscos e possibilidades a ela pertinentes. É como se o presente dependesse de escolhas inerentes à sua própria estruturação e que não sofresse contaminação do arrependimento pelas escolhas efetivadas no passado. E, como já vimos, tudo aquilo que nossas escolhas deixaram de lado simplesmente são possibilidades que não se efetivaram e, portanto, não podem ser balizadas por conceituações rotuladas como *certas* ou *erradas*. Simplesmente outras possibilidades deixaram de ser vividas em função da escolha realizada, determinadas experiências foram deixadas de lado para isso. Esse detalhamento faz com que a pessoa simplesmente sofra por idealizações daquelas possibilidades que não foram vividas.

Na melancolia vamos encontrar os casos mais crônicos de depressão pela peculiaridade de que o sofrimento que a pessoa vive está bastante solidificado em sua estrutura imaginária e que, portanto, necessita de muita habilidade dos profissionais da saúde para promover seu restabelecimento. O paciente está sofrendo pelo que não viveu. Tem uma dor lancinante que fere a sua alma e o deixa inerte frente à impossibilidade de resgate das lembranças do próprio passado. É a lembrança do que não foi vivido e que, em seu imaginário, certamente teria sido o melhor a fazer se pudesse retornar no tempo e efetivar essa experiência. E ainda que essa experiência esteja no imaginário apenas como possibilidade, não havendo, portanto, nenhuma certeza de que se outras escolhas tivessem sido efetivadas, as coisas estariam melhores, ainda assim, a rememoração daquilo que não foi vivido é dilacerante, angustiante e se torna inerente ao próprio desespero humano diante de suas limitações. Aqui, podemos voltar ao nosso paciente e à sua opção pelo funcionalismo público.

Nada pode assegurar com a hipótese de que se ele tivesse decidido junto com o irmão a abertura da loja de tintas, que o sucesso da empreita tivesse sido o mesmo. Talvez, até mesmo pela sua peculiaridade de cautela frente às variáveis que a vida apresenta, fosse um freio no arrojo do irmão, e a loja não se desenvolvesse tal como aconteceu. Difícil saber, afinal tudo são hipóteses pelo que não foi efetivado. Apenas pontuamos essa forma de digressão para elucidar que nada pode assegurar que a volta ao passado poderia promover a idealização fundada no imaginário.

Na grande maioria das vezes, a melancolia está associada a um processo de culpa muito grande, pois nos remete às incertezas que nos acometem a alma quando efetivamos nossas escolhas ao longo da vida. A culpa faz parte da condição humana. Não há como viver sem alguma dose de culpa. O problema surge quando essa culpa se torna patológica e leva a pessoa a sofrimentos maiores do que a sua própria estrutura emocional possa comportar.

Em Angerami (2018), colocamos que existencialmente sempre estamos devendo algo a alguém. Assim, por mais que me esforce no cumprimento do papel de pai, sempre estarei com a sensação de que poderia ser um pai melhor. O mesmo ocorre na minha vivência de filho, marido, amigo, professor etc. A culpa é algo que faz parte da condição humana. Não há como viver sem alguma dose de culpa. O problema surge quando essa culpa se torna patológica e leva a pessoa a sofrimentos maiores que a sua estrutura emocional suporta.

O paciente acometido por melancolia é geralmente alguém que está acometido por sentimentos de culpa em níveis patológicos. Ao sentir-se culpado por aquilo que não foi vivido por escolha sua diante de várias possibilidades, certamente esse sofrimento irá ao encontro de respostas orgânicas capazes de provocar algum tipo de alívio nesse quadro de sofrimento. A própria doença mental é vista por Sartre (1986), seguido por Laing et al. (1976), como uma escolha realizada pela pessoa para, de alguma maneira, assegurar sua própria sobrevivência.

Nesse contexto, a depressão será vista, a partir da ótica existencialista, como uma escolha efetivada pelo paciente para não sucumbir diante de suas agruras existenciais. A depressão surge, assim, como uma *resposta escolhida* para um nível de sofrimento que o paciente tem como insuportável. Dessa forma, e ao contrário do que afirma a psicopatologia ortodoxa, a depressão pode ser considerada, em muitos casos, como uma *resposta saudável*[2] da pessoa, sinalizando a necessidade de buscar ajuda para que consiga atingir o seu reequilíbrio pessoal. Tampouco importa, se no rol do que se conceitua como depressão possamos encontrar aqueles casos que, embora definidos como depressão, apresentam apenas manifestações orgânicas, casos, por exemplo, de pacientes em estado pós-cirúrgico que não reagem ao tratamento e não apresentam consciência dos próprios atos.

A depressão precisa ser vista de outra maneira que não apenas, e tão somente, uma manifestação psicopatológica. É necessário compreendê-la de maneira decididamente humana para que sua ocorrência seja vista como pertinente às próprias condições de vida da contemporaneidade, e não como uma psicopatia que acomete apenas algumas pessoas.

E a melancolia, antes de qualquer outra conceituação feita, e isso a despeito de tantas existentes sobre sua manifestação, inclusive no âmbito da psicopatologia, é um fenômeno eminentemente humano, por mais paradoxal que essa colocação possa parecer. Compreendê-la como algo que nos remete à crueza do desespero humano é, sem dúvida, traçar um novo caminho para encontrar nas profundezas da alma, onde estão localizados os escombros amealhados ao longo da vida.

E mesmo que estejamos vivendo em uma época em que os psicofármacos apresentam combinações químicas das mais bombásticas, capazes mesmo de provocar transformações das mais variadas na estrutura emocional do paciente, ainda assim, é no âmbito de nossa condição humana, na profunda imersão da nossa alma, com todas as suas peculiaridades e nuances, em que reside o potencial transformador capaz de

---

[2] Nos capítulos seguintes, abordaremos essa questão que envolve a depressão como uma manifestação saudável do organismo.

nos levar à verdadeira condição libertária, e que nos faz decididamente seres humanos.

A melancolia é uma manifestação afetiva em que o ser é afetado em toda a sua dimensão estrutural. Significa um ataque frontal ao construto da nossa transcendência que envolve, assim, um sério transtorno à nossa rede de significados. Ela é uma consciência fixada no passado, que provoca sentimentos de saudade, de arrependimento, de culpa e até mesmo de ressentimento.

A depressão surge como uma manifestação do organismo em tentar colocar fim a uma série de sofrimentos. E ainda que se queira incluir a depressão no rol desses sofrimentos, ela será um ponto a partir do qual irão ocorrer as mudanças no modo de vida do paciente.

A depressão surge como indício inicial de que muitas coisas turbulentas, e aí podendo ainda incluir situações de sofrimento psíquico, estão ocorrendo na vida de uma determinada pessoa. Esse sinal indica que, juntamente com o estado depressivo, outras manifestações estão presentes nesse momento. Tomemos como exemplo uma pessoa acometida por um profundo estado de melancolia, que apresenta em seu bojo profundos ressentimentos mesclados com arrependimentos. Imaginemos ainda que esse paciente esteja sofrendo de uma depressão que o impede de se manifestar de outra forma que não a depressão. O arrependimento que possa estar corroendo sua alma é algo fixado no passado, como dito anteriormente, e determinado pelas escolhas efetivadas em sua vida. O ressentimento surge como parte inerente do arrependimento, pois, na maioria das vezes, certamente estará associado às consequências da escolha efetivada e, portanto, do arrependimento daí advindo.

De outra parte, quando o paciente procura pela psicoterapia, ou mesmo pela ajuda médica, ele não chega afirmando clara e textualmente que está acometido por um grande processo de melancolia, o qual o levou a uma grande depressão, e que necessita, em consequência, de ajuda para o seu soerguimento. Tampouco afirma que a depressão é uma defesa do seu organismo para preservá-lo diante do sofrimento de suas recordações a respeito daquilo que não foi vivido. Ao contrário, na totalidade das vezes, esses pacientes apresentam uma quase total obnubilação de consciência, que os impede de ver os detalhes do sofrimento em ação.

Novas reflexões servem para que possamos criar um instrumental de atuação eficaz que possa localizar o teor de sofrimento desse paciente, ajudando-o em seu processo libertário. Ainda que o paciente consiga teorizar sobre alguns aspectos envolvendo sua depressão, nosso ponteamento reflexivo é o instrumental, que serve para direcionar nossa atuação psicoterápica, e não para tecermos digressões teóricas e filosóficas com esse paciente. Saliente-se nesse sentido que, na atualidade, em razão dos recursos de internet e das inúmeras publicações *on-line* sobre toda e qualquer temática, muitos pacientes já chegam à consulta com o profissional da saúde com o diagnóstico pronto e praticamente em busca de uma segunda opinião profissional. Nessas circunstâncias, o mais adequado é se esquivar desse diagnóstico, muitas vezes, sem qualquer temperança profissional, e se ater ao que for apreendido apenas, e tão somente, na consulta.

Não estamos com essas colocações negando ao paciente o direito de se informar sobre sua saúde, tampouco querendo impedir acesso a recursos disponíveis que possam ser relevantes em seu processo de cura. Apenas enfatizamos, com muita veemência, que essas reflexões são nossos instrumentais de atuação, e que, a partir disso, podemos compreender de uma forma mais ampla os caminhos da depressão.

De outra parte, e enfeixando alguns detalhes que incidem sobre a melancolia, podemos também afirmar que, em algumas situações, ela se mistura com outras manifestações pessoais, exigindo, assim, uma perspicácia muito grande do profissional da saúde, em particular do psicoterapeuta, para que não se percam filigranas de sua ocorrência. É na melancolia que a depressão encontra um de seus maiores esboços de contemporaneidade, pois, assim, como outras tantas manifestações pertinentes à realidade atual, sua ocorrência, principalmente sobre as múltiplas possibilidades que se abrem ao nosso horizonte pessoal, deriva, dentre tantas coisas, da estrutura da vida moderna.

As exigências contemporâneas apresentam uma série de aspectos que incidem sobre o ser humano, fazendo com que as possibilidades que a vida lhe oferece sejam numerosas e sempre a exigir superação contínua sem intermitência. E mesmo a vivência em locais mais distante dos grandes centros urbanos apresenta características que implicam um nível de exigência de performance pessoal que certamente traz muitos fatores a provocar frustração. E da mesma forma que assistimos à evolução sobre os desdobramentos de nossas possibilidades pessoais, estamos cada vez mais exigentes sobre o nosso desempenho diante das possibilidades que se apresentam ao nosso campo perceptivo. Na medida em que existe uma multiplicidade de fenômenos que, por serem diferentes entre si, manifestam-se de maneiras diversas, daí existindo uma tendência da consciência em aprendê-los e vivê-los em sua amplitude, indiferente aos esboços e à natureza de sua consistência.

O principal objetivo do profissional da saúde é compreender o significado da melancolia tal como ela se apresenta ao paciente, com toda a sua rede de significados, envolvimentos e até mesmo o processo de elaboração. Abarcar a melancolia segundo o prisma de análise daquilo que o paciente manifesta estar sentindo é uma das formas que temos de nos reconhecer no outro, conferindo-lhe, assim, sua condição humana. E, mais do que simples revisionismo teórico, tais premissas nos remetem à necessidade de termos o nosso olhar atento para tudo aquilo que se manifesta no paciente e conceitualmente definimos como melancolia.

De outra parte, nas diferentes manifestações da melancolia, seguramente vamos encontrar alterações e significados a que a peculiaridade de cada paciente dará contornos e formas bastante delimitadas e que, certamente, farão com que a melancolia de determinada pessoa nunca seja igual a de outra. A reflexão conceitual nos dá parâmetros de compreensão que nos permite debruçar da forma mais ampla possível sobre essa questão.

O sentido que determina os pontos de referência sobre os quais as pessoas em determinados momentos de sua vida se estribam para efetivar escolhas ao longo do tempo igualmente nos dá a medida para que peculiaridades individuais não sejam deixadas de lado, e não se percam, assim, o cerne e a essência de cada pessoa. Ou ainda, usando os alinhavos que fundamentam a condição de psicoterapeuta, dar-lhe a grandiosidade do seu significado, vamos, então, conferir à melancolia a consistência plena de que sua ocorrência é inerente à condição humana. E que ao permitir a efetivação de escolhas ao longo da vida nos confere a responsabilidade sobre o significado e as consequências dessas escolhas.

Depressão. Simplesmente depressão...

CAPÍTULO VI

De perdas e lutos. A depressão reativa

*As almas que se foram
são as novas estrelas a cintilar no firmamento.*

SABEDORIA CIGANA

Diante da morte

Lowen (1983) coloca que a depressão já se tornou algo tão comum que muitos a consideram uma reação *perfeitamente normal*, desde que não interfira em *nossas atividades diárias*. Mas ainda que possa ser considerada normal pela quantidade de pessoas acometidas, ela não pode ser definida como algo saudável. E aqui iremos colidir frontalmente com essas posições ao definirmos a depressão diante da morte còmo saudável.

Em Angerami (2018), discorremos sobre os diferentes matizes de análise da morte, desde conceituações filosóficas, religiosas, dentre outras tantas, temos as mais diferentes conjunções sobre o fenômeno da morte e sobre o morrer. Entretanto, por maior que seja esse cabedal de reflexão teórica e filosófica quando ela se abate sobre uma determinada pessoa pela perda de alguém próximo, o que se vê é um sofrimento imensurável e, na maioria das vezes, inominável. Conversamos sobre as diferentes dores para as quais não existe o alívio de analgésicos (Angerami, 2010), colocamos sobre aquelas que nos estrangulam a alma e que provocam insônia, falta de apetite, fadiga física e uma série de sintomas que não têm como ser aliviada por meio da ingestão de medicação analgésica. Dores que nos acometem diante das mais inusitadas situações, porém que sempre nos atingem pelos danos causados ao nosso psiquismo.

E a morte é uma dessas situações, que ao surgir nos levam a uns cem números de sentimentos e emoções para os quais, na grande maioria das vezes, não estamos preparados. E, como já citado, nos lança a uma das tantas imprevisibilidades que a vida nos apresenta. Aliás, ouso afirmar que ninguém está preparado para lidar com a morte de um ente querido, ainda que essa ocorra depois de meses de sofrimento irreversível em leito hospitalar ou mesmo em domicílio com os cuidados de assepsia e medicamentação. A morte até pode trazer alívio tanto ao paciente quanto àqueles que cuidam do seu bem-estar, mas ao surgir traz um sofrimento muito grande de perda e dor. O alívio evocado é sempre trazido pela razão, mas o sentimento de perda envolve a estrutura emocional que não aceita a perda nem tampouco esse contraponto racional. E ainda que seja evocada, a pessoa não terá mais a vida saudável anterior à doença, então, a morte, nessas circunstâncias, é sempre um alívio. Ainda assim, como à espera de um milagre, deseja-se o restabelecimento desse ente querido e a volta ao cenário anterior ao surgimento da doença.

Nessas condições, diante da morte de uma pessoa próxima e querida, a depressão surge como algo saudável, como uma reação à violência acometida ao organismo por essa perda. Assim, por exemplo, alguém entrar em estado de depressão diante da morte da mãe, do cônjuge ou de um filho, será algo pertinente e considerado saudável. O contrário seria patológico, mas jamais a depressão nesse contexto. E aqui vamos encontrar a chamada depressão reativa, fruto de alguma ação externa, sendo específico e resultante do estresse emocional provocado. O que irá determinar se essa depressão poderá ser considerada patológica, e como tal, sujeita a intervenção do profissional da saúde e, muitas vezes, até a consequente prescrição medicamentosa, é a sua duração. Dessa maneira, e como mera citação reflexiva, alguém que ainda permaneça em profunda depressão dois anos após a morte de sua mãe, certamente, estará em um estado de depressão que poderá ser considerado patológico. Embora não tenhamos períodos precisos para determinar quanto tempo a depressão diante da morte possa ser considerada saudável, ainda assim, certamente, o período de dois anos, citado em nossa reflexão, será longo em demasia para não ser considerado patológico.

E ver a depressão, em alguns casos, como algo saudável, questão esta que defendemos, é bastante polemizada na seara da saúde. Seguramente, dentre nossas explanações nessa área, essa questão é uma das mais rechaçada, pois colide frontalmente com os princípios determinados pela indústria medicamentosa junto ao ambiente médico, e à população em geral[3].

De modo geral, existe toda uma industrialização da depressão, e um clamor social para que sempre estejamos bem. Assim, mesmo diante dos casos de morte e de outras perdas, sempre surgirão vozes clamando pela intervenção medicamentosa a fim de que o paciente não padeça por essa depressão, ainda que seja certa reação diante de uma agressão fortíssima sofrida pelo organismo. Essa visão de que a depressão é saudável não encontra eco principalmente na área médica em que a prescrição medicamentosa é toda direcionada para que o paciente jamais sofra qualquer tipo de desconforto e incomodo.

Em Angerami (2010), colocamos que vivemos em uma cultura em que não se aceita qualquer tipo de dor ou sofrimento. Não é possível a convivência com qualquer forma de dor, afinal existe medicação específica para todas as anomalias que acometem o organismo humano.

E o paradigma que se estabelece dessa maneira é o de que, mesmo diante de uma grande agressão e sofrimento vividos pelo organismo perante a morte de um ente querido, nenhum tipo de sofrimento é aceitável. Afinal, existe toda a sorte de medicamentos para todas as formas de sofrimento, e essa dificuldade em aceitar que algumas formas de sofrimento são inerentes à condição humana é algo inadmissível diante dessa visão determinista, a qual impele a concepção de que a dor deve ser extirpada de vez de todas as manifestações humanas. Talvez, a convivência com o sofrimento e a consequente dor que imana disso sejam formas que precisam ser estancadas do seio das nossas possibilidades humanas, afinal, a indústria medicamentosa está a produzir continuamente todo o arsenal necessário para que não existam mais dores que assolem a nossa condição humana.

E algo que sempre me ocorre nessas condições de enfrentamento ao poder teórico vigente, e mesmo dessa visão medicamentosa, é que há uma natureza mais intrínseca a um conjunto de valores e questões que sempre me é preocupante. Parto dessa premissa embasado em depoimentos de tanta gente diferente que já fez comentários sobre livros anteriores e que igualmente confrontavam a ordem estabelecida pelas principais teorias em Psicologia, e aos protocolos médicos de procedimento diante de determinadas

---

[3] Veremos isso detalhadamente no capítulo VII.

situações envolvendo o sofrimento psíquico. Minha preocupação decorre do fato de que os acadêmicos e profissionais que seguem meus escritos e que, ao se identificarem com eles, se confrontem com esse poder citado anteriormente sem ter o resguardo acadêmico e teórico necessários para esse enfrentamento. Estamos cercados de situações que, embora divirjam frontalmente, ainda assim, nos coloca em situações de inibição para estabelecer o confronto com a divergência pelas mais diferentes razões.

A depressão diante da morte é saudável, e isso, ainda que tenhamos que ouvir divergência dos mais diferentes matizes. Em situações de luto, a depressão resgata minha humanidade diante do sofrimento. Ela faz com que meu coração ensanguentado possa pulsar em ânsia em busca de conforto. A depressão é o indício de que a alma foi violentamente lancetada e precisa de muita superação para voltar a uma situação de equilíbrio. Mas essa superação certamente não virá com a prescrição medicamentosa isolada, e sim com a busca de equilíbrio e superação dos tantos desatinos que estejam a envolver essa situação de luto. E isso requer uma ação multiprofissional envolvendo vários aspectos da vida desse paciente.

Sofrer diante da morte de um ente querido é um direito inalienável da condição humana, algo irrebatível em nossa plêiade de possibilidade. Aceitar esse sofrimento como inerente ao momento de dor vivido pela morte é, acima de tudo, resgar a possibilidade de mostrar o choro incontido diante da eminência irreversível da perda. E o remédio pode trazer a ilusão de acalmar algum dos sintomas desse sofrimento, mas jamais o sofrimento em si. O sofrimento em si será um processo de resgate e superação dos desatinos e percalços presentes nesse processo de luto com os detalhes de sofrimento e dor.

Depressão saudável é algo que parece excludente na conjunção dessas duas palavras, algo que parece inibir sua junção, e isso até mesmo em termos etimológicos. No entanto, e isso é nossa guarida contra essa posição contrária e até mesmo dessa possível excludência, a depressão é sim saudável diante da dor e do sofrimento do luto. Se a morte, ao causar tanto sofrimento e dor, não pode ter na depressão um ato de resistência a isso, então teremos que aceitar o fato de a indústria medicamentosa, em breve, também lançar medicação para que não soframos nada mais em qualquer outra circunstância.

Depressão como sintoma de resistência para que esse organismo não adquira alguma outra forma de sofrimento psíquico; depressão a fazer com o que o organismo se recolha por um determinado tempo diante dos afazeres e obrigações da cotidianidade e faça uma profunda reflexão de tudo o que envolve esse luto; depressão a sinalizar a importância da pessoa que se vai com a morte; depressão a enfeixar sentimentos dispersos e que agora se concentram na efetivação da morte.

Depressão saudável, e isso em que pese possíveis desavenças teóricas e filosóficas, com protocolos médicos de atendimento e teorias vigentes que propaguem o contrário. E isso em que pese mais um amontoado de críticas aos nossos escritos.

Depressão. Simplesmente depressão...

Diante de perdas diversas

Sem dúvida alguma, ao falarmos de perdas, a mais recorrente é a perda de alguém querido em razão da morte, e sobre isso nós já conversamos. No entanto, existem outras tantas perdas ocorridas ao longo de uma vida e que igualmente possuem a condição de causar depressão. Vamos refletir sobre algumas dessas possibilidades sem intenção de esgotamento da temática.

Perda de Posições de Trabalho

O homem se humilha
Se castram seu sonho
Seu sonho é sua vida
E vida é trabalho
E sem o seu trabalho
Um homem não tem honra
E sem a sua honra
Se morre, se mata
GONZAGUINHA

Seguramente, estamos diante de um dos maiores dramas vividos na contemporaneidade. É facilmente imaginável os sentimentos de alguém que repentinamente se vê desprovido do seu trabalho, fato que se torna ainda mais dramático se essa pessoa tiver sobre sua responsabilidade o sustento de uma família. Não havendo reposição dessa condição laboral, mudanças de hábitos significativas serão empreitadas, desde redução de consumo, mudanças de hábitos de lazer, mudança de escola para os filhos e outros tantos detalhes que simplesmente torna-se impossível enumerá-los. Igualmente como nas situações de morte, é esperado que a pessoa acometida por essa situação não tenha igualmente casos de depressão, ou ainda, a pessoa vendo sua estabilidade de vida desmoronar diante da condição de desemprego, não reaja com alguma forma de defesa a essas agressões. Então, estamos novamente diante de quadros em que a depressão pode ser categorizada como reativa, e igualmente iremos dar a ela a conotação de saudável. Depressão que surge como defesa diante de uma violenta ação cometida contra o organismo dessa pessoa, algo que violenta sua estrutura psíquica e a faz refém das mais diferentes situações de desamparo, totalmente combalida em termos pessoais e sociais.

Nesse quadro de perda do posto trabalho, temos ainda o rol de pessoas que se aposentam depois de anos exercendo atividades produtivas cujo trabalho faz parte de suas possibilidades de vida. Ao chegar o momento da aposentadoria, muitas vezes, aquilo que seria o momento tão esperado e iria consagrar uma vida de trabalho, torna-se algo alucinante, pois essa pessoa se vê sem função social, e qualquer coisa que possa justificar sua existência. Por isso, cada vez mais, os especialistas em gerontologia recomendam que as pessoas não deixem de trabalhar, e nos casos de aposentadoria que consigam desenvolver atividades que as façam se sentir úteis em termos sociais. E isso é algo buscado cada vez com mais premência, pois já se constatou que aposentadoria em que a pessoa simplesmente fica em casa sem qualquer atividade sem saber exatamente o desenrolar dos dias da semana é algo fatal para a sua autoestima. A depressão no quadro de aposentadoria é algo praticamente imbricado nas pessoas aposentadas, de modo geral, e que estão entregues a uma vida sem qualquer atividade considerada produtiva e útil em termos sociais. Nesse contexto são acometidas por quadros severos de depressão.

Os avanços de gerontologia estão ajudando de modo significativo o enfrentamento desse quadro de tal modo que se torna algo cada vez mais consoante da necessidade de exercer alguma atividade diante da aposentadoria de sua principal atividade profissional.

Já foi dito exaustivas vezes que o homem é seu trabalho e que sem o trabalho ele se sente desamparado frente à vida. Sem o trabalho o homem não é nada, e isso é facilmente constatável e observável sem necessidade de nenhum aprumo científico mais balizado. Dessa maneira, o surgimento da depressão diante da perda do trabalho principal e primordial para uma vida é algo perfeitamente conjuntural a essa ocorrência.

E, na medida em que estamos diante da chamada depressão reativa, a perda do trabalho surge como algo em que a depressão não é apenas esperada, mas serve como um imbricamento irreversível entre ambos. E temos, então, uma situação totalmente excludente, pois se, de um lado a depressão surge como contingência dessa agressão representada pela perda da principal atividade de trabalho, por outro, essa pessoa precisa se superar de maneira hercúlea para buscar novas atividades em condições plenas de desenvolvimento. Nessa dinâmica, a combinação de diferentes profissionais da saúde concentrando esforços será o determinante capaz de levar essa pessoa quedada em sofrimento e dor ao soerguimento necessário para voltar a procurar um lugar no mercado profissional.

Depressão. Simplesmente depressão...

Perda de Identidade

Um dos maiores constitutivos que se conhece sobre as entranhas da depressão é a perda da identidade pessoal, e isso pelas mais diferentes razões. Temos, então, pessoas que se configuram a partir de determinados constitutivos sociais e, ao perderem essa condição, sofrem a ponto de entrarem em severos quadros de depressão. Como mera referência, podemos citar pessoas que, em razão de algum acidente ou surgimento de doenças, perdem seu constitutivo funcional, como é o caso de um jogador de futebol que sofre uma séria lesão no joelho e, a partir disso, não pode mais exercer essa função, ou ainda, um professor que sofre lesões em suas cordas vocais e precisa deixar de dar aula por estar impedido de falar.

Em Angerami (2018), citamos que o ser humano tem como constitutivo de sua estrutura psíquica, o enfeixamento de determinados atributos com os quais se mostra e age socialmente, assim, uma pessoa será marido, professor, pai, e outros papéis que sua vida comporte. A perda desses papéis e o retorno à mera essência humana pode levar a pessoa a ter sofrimentos emocionais extremos e culminar, inclusive, em quadros severos de depressão. O que temos na realidade é que muitas pessoas vivem seus atributos com tal intensidade que eles acabam se tornando sua própria essência existencial. Assim, o futebolista, tornando-se sua essência humana. Ao perder essa condição, perde-se toda a fundamentação emocional sobre a qual sua vida estaria erigida. E dessa maneira, vamos encontrar vários exemplos de pessoas que caem diante da vida ao se verem sem o revestimento de seu atributo profissional. Seja o professor que se vê obrigado a deixar sua carreira de docente em razão de lesões nas cordas vocais, seja o futebolista que abandona a condição profissional por lesão, ou pela idade, ou mesmo qualquer outra pessoa que tenha, em sua atividade profissional, um atributo irreversivelmente imbricado à sua vida. Diante da perda dessa condição será alguém que estará privado da sua própria essência existencial.

Nesse sentido, a pessoa ao perder a condição que dava sustentação emocional à própria vida, se vê envolta concomitantemente em processos em que se misturam melancolia, nostalgia e sensações irreversíveis de perdas. Merleau-Ponty (1971) coloca que é passando pelos estratagemas dos nomes, ameaçando as coisas de não serem reconhecidas por nós, que finalmente damos crédito à objetividade, à identidade consigo mesma, à positividade, à plenitude, se não como princípio das coisas, pelo menos, como condição de sua possibilidade para nós. Assim definida, a coisa não é a coisa da nossa experiência, é a imagem que se obtém, projetando-a num universo em que a experiência não se ligaria a coisa alguma, cujo espectador se afastaria do espetáculo, confrontando-a como a possibilidade do nada, do vazio em que o pensamento se perde e os conceitos vagueiam em busca de parâmetros definíveis.

Depressão a mostrar o esgarçamento de vidas lançadas a processos tortuosos de desesperança e dor. E isso é algo que a alma humana não tem forças para o enfrentamento sem ajuda multifatorial e multiprofissional. E ainda que se queira acrescer que as coisas estejam sempre além da comprovação e da verificação dita científica, e apareçam como teorização e a devida reflexão conceitual, o fato é que continuamos a lidar com pacientes que se apresentam com quadros severos de depressão, e ao menos em nossa presença, enquanto psicoterapeuta, nesse instante de contato e acolhimento, o sofrimento se mostra exposto sem qualquer possibilidade de rechaço.

Depressão. Simplesmente depressão...

Perda de Bens Materiais

Inicialmente, vamos refletir sobre os sentimentos sociais excludentes a partir da materialidade representada pelas posses materiais. Vivemos em uma sociedade em que o capitalismo atingiu níveis de crueldade e excludência indefiníveis. Dessa maneira, as implicações dessas circunstâncias na vida das pessoas são inúmeras e, na maioria das vezes, de consequências dramáticas. E, na atualidade, temos uma de suas configurações mais perversas que é a o modelo neoliberal de economia. Desse modo, estamos vivendo uma era em que a excludência pessoal se faz por conceitos de meritocracia. E no próprio sentido etimológico do termo, meritocracia estabelece uma vinculação entre mérito e poder. E na medida em que mérito e poder têm significados distintos estamos diante da construção de um termo polissémico, ou seja, se propõe a ter vários significados.

O modelo capitalista, em sua faceta neoliberal, estabelece que apenas os mais qualificados serão capazes de galgar patamares plenos de desenvoltura social, estabelecem-se critérios do que seria meritocracia. Dessa maneira, possíveis desatinos e infortúnios serão considerados fracassos pessoais, jamais frutos de uma sociedade desigual que, em sua estruturação, lança tantas e inúmeras pessoas a total marginalidade pela excludência de condições favoráveis de vida.

Para se considerar o conceito de meritocracia na disputa pelos diferentes caminhos de ascensão social, e mesmo de colocações profissionais, teríamos que oferecer as mesmas condições de desenvolvimento para todas as pessoas pertencentes a uma determinada sociedade. No entanto, as condições severas de desigualdade social estabelecem que os mais privilegiados em termos socioeconômicos, preparem-se desde a mais tenra idade com a melhor formação escolar, culminando com universidades de excelência. E, paradoxalmente, observamos que no ensino fundamental e médio a elite coloca seus filhos nas entidades particulares por serem essas as que apresentam melhores condições para que esses se desenvolvam. E por ocasião da universidade, essa população frequenta as universidades públicas, por serem elas, igualmente, as que apresentam melhor bagagem educacional. Então, falar em meritocracia é uma grande falácia, pois se existe algum mérito, ele deriva das condições financeiras da elite que se encontra no topo da pirâmide.

O que temos então, e do modo como as coisas são difundidas socialmente pelos mais diferentes meios de comunicação, quem não consegue uma colocação profissional, ou se vê alijado do mercado de trabalho por não conseguir competir à altura de seus possíveis concorrentes, trata-se de alguém que fracassou socialmente. Alguém que não possui méritos para fazer parte e competir socialmente com outras pessoas. E a coisa se configura como fracasso pessoal, e não como derivativo de um perverso mecanismo social de excludência. E ao assumir como fracasso pessoal algo advindo do caos social, promovido pelo capitalismo neoliberal, mais do que a imposição de um sofrimento cáustico e dilacerante, essa pessoa também se coloca como alijada de todo e qualquer resquício de dignidade humana. E a depressão, ao fazer parte do constitutivo dessa pessoa, será algo inominável, afinal, além de uma agressão externa muito exacerbada, provocada pelas condições sociais perversas do capitalismo, haverá também sentimentos criados por ela mesma nessa desqualificação pessoal por essa alusão de fracasso que foi erigido em seu imaginário.

Teremos matizes de sofrimento que se formam no encadeamento de situações em que a pecha de fracasso ganha contornos e determinantes de realidade e se tornam muito difíceis de serem quebrados para que se possa promover o restabelecimento emocional dessa pessoa. A depressão surge como tentativa de alívio aos sofrimentos impostos por essa lógica estabelecida por esse modelo tão cruel e perverso do capitalismo. Então, situações como fadiga, irritabilidade, ideação suicida, desânimo, depressão, angústia, medo e outros tantos indícios de sofrimento psíquico podem estar diretamente atrelados aos efeitos provocados pelo capitalismo.

Dentro desse quesito de meritocracia, vamos encontrar pessoas que se lançam como empreendedores de atividades comerciais, pessoas que investem quantias amealhadas ao longo de uma vida, ou então, que se atiram nessas empreitas com financiamento bancário, e depois de um tempo, por não conseguirem se manter nessa teia de competição desigual traçada pelo neoliberalismo, simplesmente sucumbem, perdendo todo o lastro financeiro possuído anteriormente a essa empreitada. Como ilustração dessas citações, cito um paciente por mim atendido há alguns anos atrás.

O encaminhamento aconteceu devido a intensas ideações suicidas que o acometia, além de um severo quadro de depressão. Esse paciente trabalhou durante boa parte de sua vida profissional como gerente bancário de um banco estatal. Ao se aposentar dessa atividade, ele resolveu abrir uma *rotisserie* em seu bairro. Em razão dos anos desse exercício profissional, ele havia amealhado uma quantia significativa tanto em termos de poupança como em direitos trabalhistas. Tudo foi investido em sua empreitada como empresário empreendedor. De início, muito entusiasmo pela novidade da criação dos pratos e pela euforia dos clientes com a novidade no bairro. Aos poucos, entretanto, e com a crise que se espraiava pelo país, o negócio foi perdendo força até ser levado à total sucumbência. Ele conseguiu pagar as dívidas do negócio antes do fechamento total, mas além da perda da *rotisserie* propriamente dita, havia perdido também todo o valor amealhado ao longo de uma vida de atividade profissional no banco em que trabalhava.

Desolado, ele caiu em profunda depressão e, na sequência, começaram a surgir as ideações suicidas. Sentimentos de fracasso pessoal que se contrapunham aos seus anos de experiência como gerente bancário, em que orientava clientes sobre as melhores possibilidades de aplicações para suas economias. Ele se sentia como alguém que havia enganado seus clientes durante anos, pois, afinal, não tinha sido capaz sequer de direcionar sua própria poupança para algo sólido e rentável. Em suas palavras: *"sou um grande ilusionista, um farsante. Durante anos criei a ilusão de que sabia as melhores condições de investimentos. E na minha vez o fracasso foi total... Farsante, um grande farsante, isso que sou..."*

Esse caso e a contundência desse depoimento mostram claramente que as condições sociais adversas que possam ter contribuído para que o negócio desandasse totalmente sequer são citadas. Talvez, o que pudesse ser aventado era a sua postura na abertura de um negócio diante de condições sociais tão caóticas que o país atravessava naquele momento. Ademais, quaisquer que sejam as possibilidades evocadas, sempre estaremos diante de situações hipotéticas criadas no imaginário. O nosso paciente trazia apenas para si, em sua condição pessoal, a denominação de fracasso de sua empreitada empresarial. E essa era a realidade mais cáustica que poderia impingir a si: a total depreciação de sua condição pessoal e profissional.

Essa forma com que os valores de autodepreciação são transpassados para a nossa subjetivação é uma das piores coisas que temos nesse modelo de meritocracia imposto pelo capitalismo. Qualquer situação, que não seja exitosa nos parâmetros impostos socialmente pelo capitalismo neoliberal, é considerada fracasso pessoal, independentemente das intercorrências sociais que incidam às pessoas envolvidas nesses processos.

O Brasil apresenta uma desigualdade social simplesmente absurda: o número de desempregados atinge milhões de pessoas; diariamente, uma quantidade dantesca de pessoas é atirada às raias da miséria e da exclusão social mais degradante possível; pessoas em situação de rua são contingentes que aumentam a cada dia, tal a degradação dos mecanismos de proteção social. E, diante disso tudo, quem não consegue êxito nos padrões impostos socialmente traz para si o fracasso pessoal e todo o sofrimento psíquico advindo dessa condição. Depressão surgindo e fazendo parte do flagelo vivido pelas pessoas nessas condições.

Depressão. Simplesmente depressão...

Perdas Patrimoniais

Aspecto polêmico e controverso, essa reflexão sobre perdas patrimoniais envolve questões familiares no tocante à disputa de bens amealhados ao longo de uma vida por um, ou mais tutores de uma determinada família. Dessa maneira, temos acirradas disputas de herdeiros por bens materiais e pecuniários deixados por esses tutores, ou mesmo provedores. Nesses embates, há até mesmo o pedido de interdição desses tutores ou provedores para administração de seus bens patrimoniais, ainda que esses não tenham perdido a capacidade cognitiva para o exercício dessa função. E nos casos extremos desses pedidos de interdição, temos, então, os casos desesperadores em que os tutores são, inclusive, internados nas chamadas casas de repouso para que saiam de vez do horizonte de interesse dos herdeiros sobre os bens patrimoniais da família. Situações em que a depressão será mera decorrência da violência cometida contra o organismo, pois, afinal, situações crivadas com tal teor de agressividade, em que o sofrimento psíquico irá ser o balsamo a aliviar tantos desatinos.

Disputa jurídica pela disputa de bens patrimoniais são ocorrências que levam a um desgaste interpessoal difícil de ser balizado para uma compreensão abrangente. É como se diante dos bens a serem partilhados tudo que envolve dignidade, afeto e laços familiares tivessem que ser deixados de lado diante da volatilidade dessas questões. A depressão quando acontece nesses casos, nada mais é do que uma resposta plausível diante de agressões tão intensas. E na realidade, quando nos deparamos com o acirramento de ânimos que envolvem tais disputas patrimoniais, o que temos é uma das configurações mais depreciativas da condição humana, em que o respeito pelos preceitos básicos de dignidade é completamente desconsiderado.

Nessas situações, a depressão apresenta apenas a característica de ser uma trégua ao sofrimento que tais embates provocam. Ela surge em meio aos mais diversos tipos de dor que se espraiam na alma diante desses embates. Certamente, ela virá acompanhada de outras manifestações de sofrimento psíquico, pois, como dissemos anteriormente, o teor dessas agressões é aviltante e completamente acintoso à própria dignidade humana.

Dessa maneira, a depressão poderá ser considerada patológica, apenas e tão somente, se também aceitarmos como normal e recorrente as agressões cometidas contra a dignidade humana nesses embates jurídicos envolvendo bens patrimoniais. Se esses forem considerados aceitáveis, e até mesmo como algo que faz parte das relações interpessoais do âmbito familiar, então a resposta do organismo com o surgimento da depressão poderá ser considerada patológica. Do contrário, e nunca é demais insistir nesse ponto, estamos diante de uma manifestação saudável da depressão. Essas agressões contra a própria dignidade humana, que envolvem essas disputas patrimoniais, pedem reações e manifestações das mais diversas. A depressão apenas é a mais frequente, mas, certamente, jamais é a única intercorrência de sofrimento psíquico que o organismo manifesta diante disso tudo.

Depressão. Simplesmente depressão...

Perda da Saúde

Nos quadros específicos de perda da saúde, e principalmente nos casos em que existe hospitalização para o tratamento dessa condição, temos o surgimento de grande número de ocorrências de sofrimentos psíquicos. Em Angerami (2006, 2008, 2017) colocamos que, ao ser hospitalizado, o paciente sofre um severo processo de despersonalização. Ele perde totalmente sua autonomia, sua identidade pessoal e passa a ser apenas o paciente com determinada patologia. No sentido estrito do termo, deixa de ser *agente* de si, para se tornar *paciente*. Seus antigos horários de café da manhã, almoço etc., passam a ser aqueles colocados pelo hospital. Seus hábitos de higiene, lazer, entretenimento passam a ser determinados pela equipe de profissionais de saúde do hospital. Ele perde totalmente sua autonomia, e nem mesmo detalhes de sua cotidianidade podem ser transpostos para o hospital. Tudo passa a ser determinado de modo que ele seja apenas paciente, alguém sem qualquer autonomia de sua própria vida.

Nesse quadro de despersonalização, temos concomitantemente a presença de alguma comorbidade severa que, inclusive, justificou a hospitalização. E a depender do período de hospitalização, o surgimento de quadros de sofrimentos psíquicos passa a ser algo inerente e frequente em tais casos. E se a isso ainda citamos doenças degenerativas que implicam períodos longos de internação, com muito sofrimento e dor, e que culminam com a morte do paciente, a depressão, mais do que esperado, será algo que fará parte dessas comorbidades.

Podemos afirmar como exceção a essas colocações, aqueles casos definidos pela Medicina como depressão, e que enquadram pessoas que perdem a consciência, seja por traumatismo, ou pela decorrência de complicações cirúrgicas e hospitalares, são assim definidos por falta de uma conceituação mais precisa sobre a sintomatologia de seu estado de sofrimento. Existe a conceituação de depressão orgânica para tais casos pela falta de conceitos específicos sobre tais quadros. Na realidade, não podemos falar em depressão quando a pessoa não tem consciência de seu nível de sofrimento e das razões pelas quais sua vida perdeu a cor e o próprio sentido existencial.

A hospitalização por si é sempre um intercorrência que traz desiquilíbrio emocional, afinal, a instituição hospitalar é hostil pela sua própria natureza de acolher aqueles que são portadores de alguma patologia. Isso implica dizer que a necessidade de hospitalização é indício de que algo bastante sério acometeu um determinado organismo a ponto de obriga-lo a se submeter a esse processo. A depressão será uma intercorrência praticamente inerente a esse processo, principalmente se essa hospitalização tiver longa periodicidade. Difícil falar em longos períodos de hospitalização e concomitantemente não termos em consequência severos quadros de sofrimento psíquico, dentre eles a depressão.

Depressão. Simplesmente depressão...

POESIA
A noite responde

Selma Leite

No céu as estrelas falam
No céu elas gritam
Têm algo a dizer
Olhe, escolha uma, ela vai te atender
O céu mergulhado na noite
E você olha
Qual caminho e destino?
Estrelas e sonhos
Lamentos e desejos, tantos e em
tão pouco tempo
São sinais claros de esperança
O brilho da noite reflete platinado
o grisalho dos cabelos, são anos
são momentos, canções e decisões
Se não boas, talvez tentativas
e quanto mais se queria, tudo se afastava
São dias, são dúvidas e martírios
Do menino, o sonho
do toque, o calor do corpo
Mãos ao rosto, agora procuram abrigo
No colo de quem ama é saudade
Todo encanto da noite
Negra e resplandecente
A estrela atenta ouve o pedido
Será esperança no momento certo,
que de tão bela se esconde,
se despede e se rebela
É amanhã, estrela e convite
É menino, homem e senhor
da vida, o amor no peito

Tudo mais na angústia do amor vivido
Tudo mais que nele arde
É claridade de quem espera
Então, recolhe e mira
Escolha a estrela, ela vai te ouvir

Em Angerami (2013), colocamos que a Medicina tem uma ótica de objetividade diante de uma determinada patologia, ao passo da Psicologia de subjetividade. Esse diferencial, muitas vezes, determina a dificuldade de se estabelecer um diálogo harmonioso desses profissionais diante da compreensão de uma determinada patologia. A Psiquiatria, embora fazendo parte do escopo da Medicina, tenta se opor a essa objetividade na medida em que parte significativa de sua intervenção se concentra na tentativa da compreensão do sofrimento psíquico que faz parte da condição humana.

Não obstante, vamos encontrar na Psiquiatria, também, correntes significativas que tentam impor aos chamados sofrimentos psíquicos a compreensão meramente organicista. E no caso específico da depressão, temos o fato de que ela não existe isolada de outras manifestações e sofrimentos pessoais.

A Psiquiatria tradicional, no intento de dominar as situações de sofrimentos psíquicos, classifica a depressão como uma sintomatologia isolada de outros aspectos do sofrimento orgânico. Assim, podemos facilmente observar que não são contemplados os aspectos elencados em nossa análise sobre a depressão. Ao contrário, fala-se de sintomas que eventualmente poderiam estar associados à depressão sem, contudo, refletir sobre a própria natureza da sua ocorrência. E ainda que seja fato inconteste que a depressão pode levar uns cem números de pessoas a apresentar juntamente com sua ocorrência incontáveis manifestações psi-cossomáticas, a realidade é que a própria manifestação da depressão pode ser uma resposta ao quadro de somatização apresentado pelo paciente. Assim, por exemplo, poderemos facilmente encontrar uma pessoa que esteja em quadro agudo de depressão após anos de sofrimento por colite, gastroenterite, asma etc. É até mais provável que o quadro somático leve o paciente à depressão, e estaremos dentro da nossa categorização de perda da saúde, havendo talvez, na sequência, um sofrimento maior de depressão, que certamente será derivado desse enfeixamento das duas ocorrências. Não há como separar tais fatos, a não ser em análise e digressão teórica. Somos uma totalidade sem separação entre o psíquico e o físico, e todo tipo de sofrimento certamente levará a um desequilíbrio dessa unidade.

A depressão surge como um sintoma, evidenciando que algo não está bem com uma determinada pessoa, e essa conclusão pode levar a

CAPÍTULO VII

Depressão e antidepressivos

Da chicotada só esquece quem açoita...
SABEDORIA CIGANA

A cápsula mágica da felicidade

Hoje existe todo um apelo comercial para a automedicamentação nos principais veículos de comunicação. E de modo acintoso, temos a apresentação da medicação para determinada patologia e para o encerramento, a colocação: *Se os sintomas persistirem o médico deverá ser consultado.* Ora, isso é simplesmente dantesco e absurdo, afinal quem deve prescrever a medicação e a consequente observação de seus efeitos e resultados é justamente o médico. O contrário, como a propaganda induz, deveria ser rigorosamente rechaçado por todas as partes envolvidas nesse processo. Esse é apenas um dos muitos aspectos que envolvem a ação da indústria medicamentosa para que seus produtos sejam consumidos pelas pessoas que buscam alívio imediato aos seus sofrimentos.

De outra parte, essa mesma indústria tem estrutura sensível de imposição dos seus produtos junto à classe médica para que essas façam a prescrição ao paciente. Dessa maneira, são investidas verdadeiras fortunas na produção e, principalmente, na promoção de seus medicamentos. Desde experimentos científicos e acadêmicos à validação da excelência dessa medicação, passando pelo custeio de viagens internacionais a congressos e eventos para o médico e seus possíveis acompanhantes, tudo é sedimentado para que o produto seja prescrito com toda a certificação de qualidade possível. E praticamente não existe resistência a esse ímpeto promovido pela indústria farmacêutica.

outros níveis de sofrimento além da dor emocional. Talvez, nesse ponto, resida o grande erro da Medicina moderna com seu arsenal cada vez mais potente de psicofármaco e sua ênfase em determinada patologia, e o abandono da totalidade da pessoa, alguém que vibra em ânsia e padece por sofrimentos que vão além da patologia em si.

A quantidade existente de remédios para atenuar o sofrimento do paciente nas mais diferentes manifestações é incontável. Desde fadiga, agitação, insônia, anorexia, perda de peso, desconcentração, diminuição de interesse por si, para tudo, enfim, há uma cápsula *mágica* que tem o poder de trazer o paciente de volta ao estado de *felicidade*.

As razões da depressão, o sofrimento que o indivíduo pode estar vivendo, a falta de sentido da vida, o atrofiamento das condições vitais, tudo inexiste diante da *magia* da cápsula medicamentosa. Talvez estejamos vivendo uma realidade em que cada vez mais os médicos, e mesmo os psicólogos, não têm tempo de ouvir os enredos e dramas de vida de tantos pacientes. Nesse cenário, o remédio desempenha um papel bastante prático, pois, independentemente do que esse paciente possa estar vivendo em termos pessoais, a *cápsula mágica* irá trazer novamente a sensação de *felicidade*, inclusive questionar conceitualmente o significado dessa *felicidade* trazido pelos psicofármacos não se faz necessário, havendo apenas a necessidade da intervenção medicamentosa e de sua *eficácia*. Até mesmo possíveis efeitos colaterais são desconsiderados nessas análises, existindo lugar apenas para a reflexão dos efeitos e da *eficácia* medicamentosa. Tudo o mais passa a ser mero sonho de um punhado de idealistas que ainda se atrevem a questionar, e até mesmo, publicar trabalhos que evoquem a necessidade do resgate da dignidade humana na compreensão dos distúrbios emocionais.

E cada vez mais fica evidenciado que somos apenas algumas velas tentando levar um pouco de luz à escuridão, pois os interesses das multinacionais farmacêuticas ceifam a tudo e a todos no seu afã de lucratividade, não permitindo divagações que tentem impedir o avanço desse nível de atuação. E mesmo que seja verdadeiro o argumento que nos direciona ao fato de que seriam necessários incontáveis psicólogos e médicos para abarcar o sofrimento de tantas pessoas nas mais diferentes formas de agruras e sofrimentos pessoais, ainda assim, o espectro do quietismo dos profissionais da saúde, diante do avanço das multinacionais farmacêuticas em sua avalanche medicamentosa, é algo de uma alienação imensurável, para dizer o mínimo. Isso avilta nossa condição de profissionais da saúde, algo que nos atira ao extremo oposto de nosso discurso pela busca de dignidade humana. E o mais grave, é que a base de sustentação dessa prática humilhante empreitada pela indústria farmacêutica é a prescrição médica direcionada, de modo que pode até ser definido como doutrinário receitar aquilo que os laboratórios farmacêuticos impõem e determinam. Não existe questionamento sobre a extensão à própria dimensão de tais prescrições, pois apenas a modernidade dos medicamentos é considerada e relevada como absoluta. Até mesmo possíveis efeitos colaterais não são considerados no momento da prescrição. E ainda que haja uma excessiva ingestão medicamentosa por parte do paciente, e que seu *bem-estar* esteja arrasando até mesmo outras funções vitais, a questão fundamental, de fato, é medicá-lo sem que suas queixas e seus dramas pessoais sejam considerados, afinal, as multinacionais farmacêuticas investem verdadeiras fortunas, como já citamos, no lançamento de seus produtos. Diante disso, possíveis escrúpulos na prescrição desses medicamentos, por causa de prováveis efeitos danosos ao paciente, ficam como detalhes que não cabem no rol das discussões, na ilusão ingênua, e otário daqueles que ainda acreditam no resgate da dignidade humana na seara da saúde.

A questão presente de forma subliminar é que o paciente possui seus dramas e sofrimentos pessoais, e o profissional da saúde, não tendo disponibilidade para escutá-lo e, dessa maneira, de ajudá-lo de forma mais eficaz, simplesmente prescreve algum tipo de medicamento para que haja a ilusão de que algum tipo de tratamento está sendo efetivado nesse âmbito. O que conta nas estatísticas de atendimento é que grande número de pacientes que apresentavam sintomas de depressão foi submetido a procedimentos medicamentos e definidos, assim, como submetidos a tratamento contra a depressão.

Calhordice ou falta de escrúpulos, a escolha é imprecisa e imparcial. Analisa-se o *iceberg* por sua ponta aparente, e se desconsidera o continente submerso; que implicações pode ter a depressão na vida de determinada pessoa, ou ainda, o significado dessa depressão em termos verdadeiramente libertários para uma vida que se encontra quedada inerte frente às vicissitudes da vida, nada disso importa diante dos ditames soberanos da medicação. E o que é pior e desolador, é que o número de profissionais da saúde que se rebela contra esse enredamento é cada vez menor e não tem forças de reação diante do poder mercadológico das multinacionais farmacêuticas.

Depressão. Simplesmente depressão...

A falácia da cura medicamentosa

Ao estabelecer a depressão apenas, e tão somente, como um desequilíbrio de substâncias que atuam sobre os neurotransmissores do organismo, a psiquiatria organicista estabelece um protocolo de intervenção terapêutica, que tem como determinante de cura, a prescrição medicamentosa. Dessa maneira, vamos encontrar pacientes que utilizam antidepressivos por décadas, sem interrupção no afã, de não sofrerem os efeitos da depressão. E, verdadeiramente, o que pode estar provocando o quadro tão severo de depressão não é questionado e nem mesmo trazido à baila dos questionamentos médicos para a prescrição medicamentosa. O sofrimento perpetrado à alma humana pelas adversidades da vida não é considerado diante da visão soberana dos desequilíbrios presentes nos neurotransmissores.

E na medida em que a indústria farmacêutica faz investimentos maciços e consistentes para intervir no equilíbrio orgânico do paciente, tudo que envolve dramas pessoais e situações de vida, que impliquem sofrimento fica totalmente legado à total negação. É como se não fosse algo premente e que merecesse atenção, e mesmo intervenção psicoterapêutica. Diante desse tipo de avalição médica, dramas pessoais inexistem e, para a cura desse paciente, basta a combinação medicamentosa adequada.

Décadas ininterruptas de prescrição medicamentosa e o paciente terá sua vida restabelecida em termos desse tão propagado equilíbrio orgânico. Não podemos desconsiderar que, mesmo casos tidos como eminentemente orgânicos, podem ter sua origem em turbulência emocional vivida pelo paciente. Tomemos como exemplo um caso de ortopedia, ou seja, uma área em que as patologias são detectadas até mesmo por radiografias. Temos, então, alguém que ao descer o degrau da sua escada se acidenta e fratura uma das pernas. Então, teremos alguém que, após anos subindo e descendo a mesma escada, em um determinado dia se acidenta em local familiar e sobejamente conhecido. No entanto, ao indagar junto ao paciente o que aconteceu poderemos ouvir que naquele dia ele estava transtornado por alguma coisa que tenha provocado turbulência emocional e, por isso, ele tropeçou sem se ater aos detalhes de algo tão conhecido. Ou seja, em uma patologia tida como orgânica há aspectos de subjetivação incidindo sobre ela.

O que provoca a depressão, a turbulência emocional, ou os desatinos que a vida nos apresenta não são variáveis a serem consideradas diante do poderio medicamentoso. E o pior, mesmo na seara da Psicologia, vista como interventora na subjetivação do paciente, o crescimento das abordagens fundamentadas em Neurociência que recebem o verniz de neuropsicologia ganham força e espaço e fazem com que o olhar do psicólogo seja também crivado pela objetividade.

Na medida em que a eficácia dessa medicamentação, na quase totalidade das vezes, é balizada pelos chamados experimentos científicos, que seguem à risca toda a normatização de pesquisas acadêmicas, temos, então, que a prescrição dessa medicação é considerada gabaritada do ponto de vista acadêmico e experimental.

Nada mais falso!

Afinal, os testes aplicados geralmente em pacientes de hospitais públicos, com a permissão e a conivência dos responsáveis por essas entidades, avaliam o efeito medicamentoso sobre o organismo, mas jamais a cura, pois essa depende de o paciente encontrar equilíbrio em possível turbulência emocional. E aqui temos um pequeno retrato, sem retoques, da atitude desrespeitosa da indústria farmacêutica com a conivência da direção de alguns hospitais públicos: a medicação é testada nessa população sem ter quem a defenda desse arbítrio, para, posteriormente, ser prescrita com índices de segurança após a constatação, principalmente, de possíveis efeitos colaterais, para outro segmento social, sendo aquele que pode pagar hospitais e consultas privadas. Talvez, esse seja o preço a ser pago pela população desvalida e combalida aos atendimentos recebidos nos hospitais públicos. Eles servem de sujeitos experimentais para pesquisas e avaliações que serão implementadas em outra realidade.

Desolador!

A cura de quadros de depressão jamais será conseguida apenas com o equilíbrio orgânico que a medicação poderá eventualmente efetivar. A depressão envolve filigranas muito sensíveis que vão além desses limites. Gráficos, estatísticas, descrição detalhada dos componentes presentes no novo medicamento, e efeitos colaterais, ou seja, tudo que envolve os detalhes de uma pesquisa são contemplados quando da criação da fórmula de um determinado medicamento. No caso do antidepressivo, a grande lacuna, e o principal ponto em que todos falham, é não considerar que se trata de algo que deveria ser visto como coadjuvante no processo de recuperação do sofrimento psíquico de uma determinada pessoa. Jamais o único elemento a propiciar a cura do paciente.

Não se trata de negar que muitas pessoas necessitam de antidepressivos em seus processos de soerguimento existencial, apenas pontuar que eles precisam ser considerados como auxiliares em processo multiprofissional, com a presença inalienável do processo psicoterápico.

Depressão. Simplesmente depressão...

CAPÍTULO VIII

Depressão Social

O caminho é feito pelas rodas das carroças...
As pessoas transitam na vida, umas nas outras...

Sabedoria cigana

Da inserção social

O ser humano tem o privilégio de lutar até o último instante de sua vida pelo sentido de sua existência. E o fato de estar quedado inerte frente às adversidades que a vida lhe apresenta, pode, igualmente, ser um sinal de que poderá transformar sua própria realidade existencial a partir do sofrimento que a depressão impõe. É importante que façamos uma breve reflexão sobre o significado do que a depressão poderá revestir-se no processo de libertação de alguém que padece em níveis orgânicos e existenciais dos mais diversos tipos de sofrimento.

A depressão torna-se, assim, um signo, um indício bastante forte e com acentuadas cores de realidade, de que alguma coisa precisa ser transformada na vida dessa pessoa para que a sua sucumbência não seja total. A depressão é uma evidência de que algo não corre de maneira satisfatória com essa pessoa. E embora exista toda uma propulsão da psicofarmacologia moderna de enquadrar tudo praticamente dentro da cápsula de um determinado medicamento, como já dissemos, ainda assim, tratar a depressão a isolando do significado que a pessoa possa estar conferindo a ela dentro de sua existência é, seguramente, erro dos mais drásticos nos diagnósticos de saúde mental.

A depressão sinaliza de forma clara todo um inconformismo com a condição vital. E levando-se em conta a situação de desesperança social presente predominantemente nos países de terceiro mundo, certamente encontraremos um quadro desolador de depressão coletiva, com as pessoas padecendo até mesmo em níveis orgânicos de uma desilusão e de uma desesperança advindas das condições sociais em que essas sociedades se encontram estruturadas.

Poderíamos até falar em depressão para definir aquelas situações em que assistimos perplexos aos avanços de todas as variantes de corrupção, que leva um número absurdo de pessoas a mais completa miséria socioeconômica, ou então do quietismo que nos acomete quando nos deparamos com cenas da violência exacerbada que domina a nossa realidade social na vida contemporânea. Nessas situações, a depressão poderá ser um sinal da necessidade de mudanças para que a própria vida ganhe dignidade e até mesmo novas formas de esperança.

É facilmente observável que as condições econômicas e sociais afetam de maneira drástica a vida de muitas pessoas. O pessimismo oriundo da falta de perspectiva é cada vez maior. Inúmeras pessoas são atiradas às raias de situações de quadros de grande nervosismo, fadiga e depressão. E além da depressão, encontraremos sintomas da falta de apetite sexual, somatizações – problemas cardiovasculares, ulceração da parede estomacal etc. –, o que, em última instância, significa dizer que estamos diante apenas de facetas de manifestações orgânicas que se reúnem com o sofrimento trazido pela depressão. Evidentemente que, em nenhuma circunstância, as condições socioeconômicas precárias deixam de afetar o indivíduo, e mesmo a própria configuração da depressão em suas nuances e especificidades inerentes a cada pessoa. Somos uma totalidade existencial e até mesmo as manifestações orgânicas apresentarão nossas peculiaridades, de uma forma bem definida, em total enfeixamento com nossa historicidade e com as condições sociais que fazem parte de nossa vida.

Uma vez que somos permeáveis às influências sociais, se a sociedade nos propõe conflitos e pressões em excesso, até a estrutura mais íntima padece, até mesmo no mais profundo de sua própria subjetivação. E, muitas vezes, sofre até por questão indiretamente ligada à vida de uma pessoa. Tomemos como exemplo a situação de determinado profissional liberal, solidamente estabelecido, cujo trabalho e situação financeira não sejam muito atingidos pelas oscilações socioeconômicas. Mesmo não estando diretamente ameaçado por tais adversidades, será difícil que ele fique imune ao noticiário que mostra um país caótico, ao colega de trabalho em más condições financeiras, ao amigo que perdeu o emprego, às crianças que pedem esmolas nos semáforos etc.

A depressão social gerada pela insegurança das políticas governamentais é algo que atinge limites até mesmo contagiantes. Essa depressão não se configura apenas com o sentimento isolado de uma determinada pessoa, é algo que chega até as raias do absurdo, pois somos lançados aos mais diferentes níveis de desestruturação social e emocional em função dos parâmetros impostos pelos economistas em seu afã de determinar uma economia dita *ideal* para determinada sociedade. E o mais cruel nesse elo de enredamento é que os economistas sempre pensam em termos de estruturas empresariais. Dessa maneira, se fala do país, da economia como se fossem entidades cósmicas, como se não envolvessem pessoas: a economia passa por dificuldades, as empresas precisam se adaptar a uma nova realidade de mercado, a classe média será a mais prejudicada pelas medidas governamentais etc.

Os economistas, em sua quase totalidade, nunca dizem quantos irão ficar sem emprego, moradia e comida, pelo simples fato de a economia se desestruturar. Na maioria das ocasiões, não há oportunidade para questionar a estrutura emocional das pessoas que direta ou indiretamente são atingidas pelas mudanças econômicas. Dessa maneira, como negar a depressão ou idealizar projetos futuros ou ainda pensar em obras duradouras, se a sobrevivência se torna a premência maior da própria existência? E como ainda querer que não exista esse nível de depressão social mais profunda, se de modo geral, as pessoas não sabem efetivamente como estarão em termos emocionais no dia seguinte?

O anseio de se projetar no futuro dessa maneira fica completamente comprometido e corroído pela urgência de sobreviver aqui e agora. Não há sonhos que possam alimentar o amanhã se o presente está completamente esgarçado pelo descaso social. Em períodos de graves crises econômicas, a depressão se formata como uma reação natural de enfrentamento aos desatinos socioeconômicos advindos da estrutura social. É, por exemplo, fruto da ansiedade daquele que se preparou ao longo de muitos anos para o exercício de uma determinada profissão e com a qual conta para sustentar a família dignamente.

Se, porventura, perder essa posição profissional, em pouco tempo, perde essa segurança – sua profissão, passado não são mais garantias do que quer que seja.

Os aspectos sociais deixam a pessoa desestruturada e com uma grande sensação de desamparo. De repente, uma greve deixa a cidade sem transporte, gás de cozinha etc., e a pessoa, necessitando desses serviços para se locomover em direção ao seu local de trabalho, por exemplo, sente-se com medo e até deprimida diante da perda de seu vínculo empregatício, que de alguma maneira garante seu sustento material. E como agravante, em nosso país, temos ainda o fato de as pessoas estarem perdendo totalmente a crença nas instituições que garantem a governabilidade da sociedade.

A descrença acaba levando um grande número de pessoas a um sofrimento em que se misturam quietismo, resignação e, muitas vezes, indiferença, esbarrando nos limites da alienação em relação tanto ao caos social, como ao sofrimento do semelhante.

A depressão, embora atrelada a condições sociais adversas, pode ser propulsora de crescimento e libertação, pois consegue levar essas pessoas a entrar em contato com suas dores e a se conscientizar da necessidade da promoção de mudanças significativas em suas vidas, mudanças que, muitas vezes, passam necessariamente pela própria transformação social.

Não há como pensar em libertação social mais ampla sem libertação desses sentimentos que nos oprimem e nos levam ao encontro de reações e sofrimentos que podem ser definidos como depressão social, embora com repercussões em níveis orgânicos dos mais diversos. Tomemos como exemplo a realidade socioeconômica do Brasil.

A desesperança citada anteriormente é algo presente de maneira asfixiante para grande parte da população. Existe toda uma incredulidade diante da falta de perspectiva de uma vida mais digna. Vivemos uma situação que poderia ser definida como uma depressão social profunda, pois a maioria da nossa população não acredita no que quer que seja, tampouco que exista algum estadista capaz de estancar a corrupção instalada no seio do poder governamental e que lance o país em situações de total penúria nos mais diferentes setores da vida nacional. As pessoas, na mais completa indiferença, assistem a dados estatísticos da calamidade provocada pela desigualdade social sem qualquer perspectiva de mudança nessa situação de quietismo.

A depressão social em que vivemos possui enormes fendas efetivadas em nossa carne de modo muito violento e nos mostra, a cada momento, que a dor pungente desse sofrimento não se estancará em breve período. Ao contrário, trata-se de uma depressão que atinge as vísceras e mostra o lado mais perverso da condição humana, a crueldade e a indiferença pelo sofrimento dos semelhantes. É uma depressão que mata em doses homeopáticas e escancara a própria fragilidade diante da fúria governamental em seus arbítrios e contradições.

Esse teor de depressão social nos leva a um estado de total desolação ao percebermos que aos poucos estamos perdendo nossa peculiaridade humana. Dessa maneira, o desprezo pelo sofrimento do semelhante, ou a total indiferença com relação à nossa falta de perspectiva, nada mais são do que indícios de que estamos perdendo nossa capacidade de inconformismo frente ao próprio sofrimento.

Em muitos outros momentos da história, diferentes países viveram momentos que poderiam ser definidos como de depressão social, e certamente o nível de comoção de sofrimento vivido pelas pessoas envolvidas nesses processos é inatingível pela razão. Embora a depressão seja um fenômeno que atinge as pessoas em níveis individuais de subjetivação, essa constatação do espectro social, que leva um grande número de pessoas a situações de sofrimento tão extremadas, certamente corrobora para que a definição de depressão sofra revisionismo constante e que possa abranger muitas outras formas de sofrimento.

O sofrimento pessoal é individual e processa plenamente em sua subjetivação. No entanto, as circunstâncias sociais que envolvem sua realidade pessoal irão conferir características bastante semelhantes em seu sofrimento no contraponto com outras pessoas que também estão inseridas no mesmo contexto social. É dizer que condições sociais mais amplas irão determinar níveis de agruras e de desesperança que tornam as pessoas solidárias em suas condições de precariedade e sofrimento, como lâmpadas que, embora isoladas, estão ligadas ao mesmo fio condutor. A depressão social é um fenômeno que tangencia o tecido socioeconômico de uma sociedade, esgarçando-o, comprometendo sumariamente todas as situações passíveis de serem arroladas numa reflexão teórica e que, inclusive, abarquem as condições mínimas de dignidade para que a condição humana não perca tal definição.

Depressão. Simplesmente depressão...

Da historicidade

Somos nossa inserção social em todos os detalhes do nosso constitutivo de Ser. Nossa realidade de vida é totalmente imbricada com nossa condição social. Meus valores, mesmo aqueles mais íntimos e preciosos que fazem parte de minha subjetivação, derivam da minha inserção social. Não existe nada que possa definir como sendo algo absolutamente meu e que faça parte de maneira inextricável do meu constitutivo pessoal que não tenha se originado nessa condição social. Sejam meus valores pessoais envolvendo música, literatura, política ou qualquer coisa que se queira arrolar, tudo absolutamente tudo se origina em minha inserção social. Faz parte da minha subjetivação mais intima, mas sempre se origina em minha condição social.

A questão da minha historicidade pode ser retratada de modo bastante consistente por meio da palavra falada. Minha fala denota minha origem. Assim, ao me dirigir a outros cantos do país, simplesmente ao falar, o meu sotaque mostra a minha inserção social e a minha historicidade, que no caso é São Paulo. Minha fala carrega minha historicidade em sua vibração, em sua denotação semântica. Da mesma forma, alguém do Nordeste, ou mesmo do Sul do país, mostrará na fala sua origem, sua historicidade, toda a carga emotiva presente nesses sotaques.

E de outra parte, apenas como ilustração, imaginemos que resolva aprender a língua francesa pela identificação que tenho com as coisas e valores dessa nacionalidade. No entanto, por mais que me desenvolva nesse aprendizado e construa frases com pronúncia e construção de frases até mais corretas que um nativo, jamais terei sua historicidade, pois não tenho como ter na língua sua vivência. Jamais será possível ter algo tão pertinente à minha vida como a minha própria língua. Em outra citação reflexiva, podemos ter a condição da sexualidade.

A sexualidade é um fenômeno muito íntimo, profundamente subjetivo, podendo até mesmo ser definida como uma de nossas peculiares manifestações. No entanto, se a quase totalidade das revistas masculinas mostra mulheres magras e esguias em suas capas, esse será o padrão de beleza a nortear a sexualidade da maioria dos homens. E, num simples contraponto, ao observarmos figuras femininas do século 19 e do início do século 20, podemos constatar que o padrão de beleza da época era determinado por mulheres atualmente definidas como *gordinhas*, dessa maneira, completamente distante dos padrões atuais de beleza. Igualmente ocorre em relação às mulheres, o biotipo masculino tido como galã em outras épocas mudou e o que era atraente em outro período perdeu sentido diante da nova configuração da atualidade. E aqui temos em exemplo que até mesmo o que envolve detalhes do desejo sexual é determinado e, por assim dizer, forjado por uma imposição social.

Da mesma maneira, podemos observar ao analisar diferentes nações, que até mesmo os esportes tidos como paixão nacional, embora seja algo que faça parte da subjetivação pessoal de seus habitantes, é algo imposto por sua historicidade, pela inserção social dessas pessoas. Assim, no Brasil, como mera citação reflexiva, teremos pessoas apaixonadas por futebol, torcedores que se entregam às mais frenéticas paixões por suas preferências clubísticas. Podemos, inclusive, afirmar que a maioria dos brasileiros sequer sabe maiores detalhes sobre beisebol, por exemplo. E, no entanto, é o mesmo beisebol que leva pessoas dos EUA e de Cuba, como mero contraponto, a paixões inomináveis. É dizer que nossa historicidade nos faz sujeitos com valores e paixões determinados por nossa inserção social.

Ainda em termos de historicidade, vamos encontrar os casos de etnias e mesmo de povos que, embora inseridos em uma determinada sociedade, não são pertenças desse contexto. Assim, temos os ciganos, judeus, indígenas, cristãos em países mulçumanos, mulçumanos em países cristãos, negros dentre tantas formas de pessoas que se são excluídas em seu próprio país por terem tais condições. Temos ainda pessoas que, por suas orientações sexuais, igualmente sofrem discriminação e toda forma de preconceito, e isso em que pese faz parte da mesma inserção social daqueles que os agridem com o açoite da humilhação e com preconceitos dos mais diferentes matizes. A depressão surge como uma forma de defesa diante dessa contundência, depressão na vã tentativa de resgatar o mínimo de condição psíquica para o enfrentamento de tais desatinos.

Um dos mais estupendos registros envolvendo a questão da historicidade na história do cinema é o filme *Tratado dos Moicanos*, do diretor Herschel Daugherty (2006). A trama se situa no ano de 1764, período em que os EUA ainda eram colônia britânica e o exército tentava domesticar os índios com vários acordos de paz para inserir trégua aos inúmeros embates sanguíneos que ocorriam entre as partes. O filme mostra um tratado de paz firmado entre o Cel. Henry Bouquet e o líder moicano. Esse tratado definia que além do fim dos conflitos bélicos, haveria a troca de prisioneiros que ambas as partes mantinham a partir de outros embates. Assim foi feito, e o que aconteceu foi algo muito inusitado. Muitos desses prisioneiros foram capturados quando ainda eram crianças e agora, adultos, teriam que se adaptar a uma nova vida. O filme narra a saga de Johnny Butler, ou melhor, do Filho Verdadeiro em seu batismo moicano.

O jovem foi capturado criança e criado pelos índios e quando retorna ao convívio com sua família original os conflitos se sucedem e se materializam de modo indescritível. E isso ia desde se sentar no chão, até princípios de honra e lealdade dos índios em contraponto a valores de crueldade do homem branco. A situação se agrava, pois ao não se adaptar ao modo de vida da família, ele se vê impedido de voltar ao convívio com os índios, pois isso quebraria o tratado de paz firmado por sua tribo e o exército. E o pior, ele passa a ser hostilizado pelos dois lados, pois não é mais índio, e também não consegue se adaptar ao convívio com seus familiares. Uma cena bastante comovente acontece quando sua mãe tenta ensiná-lo a ler e pede para que ele se sente na cadeira. Ele responde que ao sentar-se no chão está em contato com a Mãe Terra, como se estivesse sendo acarinhado por ela. A mãe se sensibiliza com imagem tão bonita e pede para que ele a ensine sobre alguns valores da tradição indígena.

Este filme mostra em detalhamento ímpar o sofrimento de alguém que se vê alijado de sua historicidade e necessita se adaptar a um novo modo de vida e, principalmente, a valores morais. Os quadros de depressão exibidos pelo nosso jovem protagonista dão a dimensão do tanto que a questão da historicidade é incrustada em nossa vida de modo irreversível, ainda que nossa origem seja diferente dos padrões e modelos de criação e educação, detalhes que fazem da vida algo que precisa de superação e determinação para que tais conflitos não levem à total sucumbência emocional.

Na medida em que somos historicidade de modo irreversível, tudo o que implica na aniquilação de valores da própria condição pessoal em sua inserção social, temos um quadro de total aniquilamento de tudo o que significa dignidade humana. A depressão é a colisão do sofrimento humano com a negação dos direitos básicos de dignidade humana assolapados diante da historicidade dessa pessoa. A depressão sinaliza a necessidade do resgate da vida, de alguma maneira sinaliza que algo precisa ser modificado nesse constitutivo de vida.

Depressão. Simplesmente depressão...

CAPÍTULO IX

Depressão nas diversas fases do desenvolvimento humano

Quando você toma uma criança pela mão para atravessar a vida, você a conduz ao luamento.

SABEDORIA CIGANA

Depressão puerperal

Desde muito tempo, uma das coisas que mais me intrigou foi o surgimento de quadros de depressão no momento imediato ao parto, ainda dos chamados quadros de *psicoses puerperal*. Talvez, por ser algo sonhado e desejado por muitas mulheres, era-me algo por demais insólitos que justamente após o parto, diante do nascimento de seu bebê, e ainda em fase da amamentação, que muitas mulheres entrem em quadro de severos sofrimentos psíquicos e, dentre eles, a depressão. E isso em mulheres que nunca haviam mostrado nenhum indício de sofrimento psíquico em suas vidas. Ainda acadêmico, eu fui à busca de teorizações que explicassem tal ocorrência. E como ocorre nessas situações encontra-se de tudo, desde a culpabilização da própria mãe pelo sofrimento após o parto, como problemas de outra natureza, e de maneira insólita, tudo é explicado sem qualquer parâmetro com a própria realidade dos fatos.

A depressão pós-parto é uma síndrome importante que, em geral, repercute na interação da mãe com o filho e, praticamente de forma negativa, promove um desgaste progressivo nos outros vínculos familiares. O sofrimento da depressão pós-parto deriva do momento importante da vida mulher, suas mudanças biológicas, como também alterações em sua subjetivação. O conjunto de preocupações, anseios, sonhos e expectativas, muitas vezes, quebram-se diante da realidade do parto. E algo bastante perceptível é que a mulher, durante toda a gravidez, tem sobre si toda atenção familiar e social, tudo é envolto em comentários e carinho sobre suas transformações orgânicas com o crescimento do feto dentro de si. E após o nascimento da criança, as atenções se desviam agora para o novo ser, e essa mãe, anteriormente alvo de todas as atenções e manifestações carinhosas, vê-se colocada em segundo plano, ainda que em razão do nascimento de seu filho.

Essa situação pode levar muitas mulheres a sofrimento intenso, tendo até mesmo rejeição ao próprio filho por ter sido colocada em segundo plano. Algumas, inclusive adoecem em sofrimento psíquico bastante severo, e propiciando os quadros de depressão pós-parto, psicose puerperal, e ainda, tristeza pós-parto. Nesses quadros, é interessante observar que o diagnóstico inicial, muitas vezes, é feito pela própria mulher que começa a sentir sintomas estranhos e que, posteriormente, serão enquadrados nos constitutivos já citados.

Maldonado (1977) afirma que os primeiros dias após o parto são retratados por uma série de emoções e expectativas diversas vivenciadas pela mulher e, por sua vez, a turbulência destes sentimentos promove uma instabilidade no quadro emocional, o qual se alterna entre a euforia e a depressão. Assim, o perfil psicológico da mulher no puerpério, caracteriza-se por uma série de sentimentos que serão traduzidos em reações diversificadas.

Podemos ainda especificar que o sentimento de incapacidade é comum em puérperas, uma vez que em muitas ocasiões se entregam com dedicação hercúlea aos bebês e aguardam ansiosas pelos efeitos e reconhecimentos de todas as pessoas envolvidas nesse processo de puerpério. A criança que se mostra serena e tranquila diante dos cuidados da mãe acalma possíveis estados de tensão e sofrimento psíquico diante dessas situações inerentes ao puerpério.

É importante frisar que a mulher é cobrada socialmente, de modo muito intenso, para a maternidade. Essa cobrança gera ansiedade, estresse, expectativa e frustração em caso de não cumprimento do esperado. O puerpério se vê revestido de intensa introspecção, e, com isso, há o surgimento de muitos conflitos psíquicos que podem gerar estresses nessa puérpera. Temos ainda que, durante o período de puerpério, muitas situações adversas podem ocorrer, desde problemas de saúde na criança, ou ainda na mãe, até problemas familiares e sociais, os quais podem incidir durante esse período. Isso em momento em que a puérpera pode se encontrar fragilizada diante da sua nova realidade e das atividades para as quais se defronta sem, muitas vezes, ter a real dimensão dos fatos.

E com a inserção da mulher no mercado de trabalho de forma mais intensa e abrangente há o surgimento de mais uma variável a incidir sobre essa puérpera. Afinal, a gravidez e a respectiva licença maternidade são fatores até mesmo inibitórios para a contratação de mulheres para determinadas funções, e isso, naturalmente, além de agravar sua condição subjetiva, também traz estresse familiar, principalmente se sua renda financeira constar da previsão orçamentária da família.

Kaplan (KAPLAN et al., 1999), um dos grandes estudiosos da psicose puerperal, afirma que a etiologia das síndromes psíquicas pós-parto envolve fatores orgânicos ou hormonais, psicossociais e a predisposição feminina. As alterações hormonais que se processam após o nascimento, ainda segundo Kaplan, são marcadas pela queda acentuada dos hormônios progesterona e estradiol, além da redução de cortisol sérico, relacionada a uma diminuição elevada das atividades secretoras da glândula pituitária imediatamente após o parto.

Na atualidade, existem em muitos centros urbanos atendimentos médicos e psicológicos voltados para o período da gravidez e consequente preparação para o parto. Dessa maneira, desde exercícios físicos para que o organismo tenha situações de conforto nesse período, até reflexões sobre os efeitos psíquicos desse período na vida da mulher, temos toda uma gama de procedimento, visando dar a essa parturiente condições de um parto dentro dos modernos conceitos do que seria um parto ideal. Ainda assim, muitas vezes, temos o surgimento de sofrimento psíquico no puerpério, e a depressão nesse momento passa a ser algo até mesmo esperado a depender da maneira como o período da gravidez se desenvolveu.

A depressão pós-parto, assim como outras formas de sofrimento psíquico desse período, está a provocar as mais intensas reflexões sobre todos que de alguma maneira se debruçam sobre questões de saúde mental nesse período.

Langer (1981), de outra parte, coloca que a sociedade aceita como praticamente normal as dificuldades da gravidez e do parto. Ela faz a ressalva que, no entanto, ultimamente, devido ao número crescente de investigações psicológicas e os diversos serviços colocados à disposição da grávida e mesmo da parturiente, isso está mudando.

Mead apud Langer (LANGER, 1981) por seus estudos antropológicos comparados de diferentes sociedades, chegou à conclusão de que cada uma dessas tem seus preconceitos frente às funções procriativas da mulher, preconceitos ao qual a maioria delas se adapta. Nas sociedades que consideram que a gravidez deve ser acompanhada de náuseas e o parto de dores e perigos, a maioria das mulheres grávidas sofre efetivamente de estados de náuseas e tem partos difíceis, enquanto que em outras sociedades que não rodeiam de perigos e tabus a mulher neste estado, as gravidezes e partos transcorrem com facilidade e sem maiores incidentes. É dizer que a concepção da gravidez e do parto como angustiantes já determina o modo como muitas grávidas irão se desenvolver nesse período. E até mesmo a depressão pode surgir para cumprimento desse corolário de sofrimentos estabelecido socialmente.

Na realidade, o sofrimento psíquico no pós-parto em mulheres que jamais apresentaram qualquer distúrbio é algo a desafiar a todos que se debruçam em busca de compressão do instrumental necessário para acolhimento desse momento tão difícil para tantas mulheres.

De todo modo, a aparição de transtornos psíquicos de qualquer natureza no pós-parto significa que algo se perdeu no equilíbrio desse momento na vida dessa parturiente. E esse sofrimento precisa ser devidamente balizado para que seja possível determinar a intervenção específica para o acolhimento desse sofrimento, e para que essa depressão seja superada de modo abrangente.

Depressão. Simplesmente depressão...

Depressão infantil

Certamente, tudo que envolve sofrimento infantil sempre tem o poder de mobilizar os mais diferentes sentimentos em que se debruça sobre a tentativa de compreensão desse período tão delicado do desenvolvimento humano.

A depressão infantil, além de se configurar como um grande desafio a todos aqueles que se debruçam em busca da compreensão da temática, a cada passo temos que enfrentar o desmoronamento das crenças envolvendo o mito de infância feliz erigido em nosso imaginário. E alguns aspectos do sofrimento psíquico da infância estão a mostrar que não são apenas os contos de fadas, aventuras de super-heróis e jogos eletrônicos eletrizantes, dentre outras coisas inerentes a esse período que estão a povoar esse universo. O sofrimento se mostra bastante cáustico não provendo trégua em razão de se tratar de crianças indefesas e que ainda não tem o constitutivo emocional sedimentado tal como os adultos para o enfrentamento dessas intempéries. E, bem dos fatos, talvez nem mesmo os adultos tenham essa condição.

Em Angerami (2011), colocamos sobre a idealização que se faz da infância como se essa fase sempre fosse cercada apenas de momentos e situações prazerosos. No entanto, desde que os estudiosos voltaram suas atenções para o desenrolar da vida, e seus imbricamentos com o período da infância, as coisas mudaram de figura, e a infância passou a ser considerada período de muito sofrimento e dor. Nesse trabalho, *Suicídio Infantil. O escarro maior da condição humana* (Angerami, 2011), é possível perceber que o desespero humano frequentemente localizado na vida adulta, e mesmo na adolescência, já se faz presente em muitas crianças. E o mais incrível nessa experiência foi a constatação da negação, por parte dos profissionais da saúde envolvidos nesses atendimentos, da intencionalidade de a criança estar querendo terminar com a própria vida. Essa negação implicava em dizer que se tratava de mero acidente doméstico ou algo do tipo. E mesmo diante da afirmativa da criança de sua intencionalidade de colocar fim à própria vida, ainda assim, havia resistência em aceitar esse enredo tão doloroso dos fatos. No entanto, e por mais dramático que isso possa soar, a criança também padece em níveis insuportáveis, sofrimentos psíquicos que as levam até mesmo a acabar com a vida para estancar essa tormenta de vez.

Chitman, em seu livro *A Solidão das Crianças* (Chitman, 1998), mostra um estudo pormenorizado de como a solidão, espectro inerente à própria condição humana, também está presente nesse período de vida. Seus estudos mostram tanto a necessidade de a criança ter seu próprio espaço de isolamento físico e mesmo psíquico, como os casos de sofrimentos contundentes em razão dessa situação. E, na contemporaneidade, temos como agravante o número de crianças que praticamente se desenvolvem sozinhas em razão de os pais estarem ausentes, seja por necessidade de trabalho, seja ainda por separação conjugal ou por outros diferentes fatores.

No tocante à depressão infantil, teremos aqui situações em que o organismo se vê atacado e reage dessa forma. Essas situações envolvem dramas familiares, perda dos pais, problemas de *bullying* na escola e em outros ambientes frequentados pelas crianças, e, mais recentemente, a intensa quantidade de atividades de rotinas e afazeres a que são submetidas.

Assim como nos casos de suicídio infantil, igualmente a depressão infantil encontra muita resistência por parte dos profissionais da saúde na aceitação de seus constitutivos. Essa negação faz com que muitos diagnósticos sejam retardados ou obnubilados pela insistência em se ver quadros de tristeza do cotidiano em casos verdadeiramente depressivos. Esse diagnóstico ainda pode ser dificultado por serem confundidos com birra, mau humor, malcriação e agressividade por alguma razão desconhecida. O que irá diferenciar a depressão desses outros sintomas e comportamentos é a intensidade e a persistência e mudanças em hábitos de suas atividades de criança.

A depressão infantil, além de se configurar como um grande desafio a todos que se debruçam em busca da compreensão da temática, a cada passo temos que enfrentar o desmoronamento das crenças envolvendo o mito de infância feliz erigido em nosso imaginário.

A depressão infantil ainda acarreta algo bastante severo nesse cenário. Embora exista toda uma configuração medicamentosa voltada ao público infantil, é inegável que os antidepressivos fazem parte de um grupo de remédios com graves consequências ao organismo, seja pela dependência química provocada, seja ainda por possíveis efeitos colaterais. O fato é que, ao erigir seus tentáculos sobre uma criança, a depressão imprime uma série de consequências advindas dessa ação medicamentosa.

Existe ainda outro agravante bastante severo no quadro de depressão infantil, o estigma que se cria sobre essa criança, pois jamais deixará de ser alguém que padece ou padeceu de quadro depressivo. E isso irá determinar e configurar diversos procedimentos ao longo de sua vida, pois essa conceituação fará parte de sua vida de maneira indissolúvel.

O sofrimento infantil em quadros tão severos é algo que me atinge de maneira inominável, afinal, talvez tenha imbricado em meu imaginário que a infância é uma fase de desenvolvimento e aprendizado para a vida adulta que virá. Períodos amenos e sem preocupações, isso sempre em meu imaginário, em que entramos em contato com a realidade social por meio dos diferentes grupos a que pertencemos, e de onde tiramos o constitutivo para o nosso aprimoramento, rumo ao nosso desenvolvimento pessoal.

Doce ilusão!

O sofrimento psíquico atinge as crianças de modo impiedoso. E temos, inclusive, até mesmo em alguns hospitais psiquiátricos, com suas características de masmorras medievais com todo o requinte de barbárie e crueldade contra a condição humana, alas infantis. E por mais dantesco que isso possa parecer, e com o grande número dessas instituições fechadas em razão da sua total degradação no atendimento aos pacientes, isso, infelizmente, é real. Certamente, o primeiro grande passo na direção do acolhimento da criança em sofrimento psíquico é justamente o profissional da saúde se abrir para essa realidade de modo amplo e abrangente. Enquanto não nos despirmos dos preconceitos da ideia da infância feliz, não teremos condições de nos instrumentalizar para tarefa tão árdua e delicada.

A criança sofre em razão das mais decorrentes incidências que se abatem sobre ela, e isso precisa ser adequadamente balizado para que nossas intervenções sejam precisas e certeiras. A criança, por si, já tem a fragilidade inerente a esse período de vida, e dessa maneira, não precisa de preconceitos, e mesmo da negação dos profissionais da saúde sobre os males que a acometem.

Depressão. Simplesmente depressão...

Depressão no adolescente

A adolescência é um dos períodos de muita turbulência na vida de muitas pessoas. Em Angerami (2018), pontuamos que o adolescente de gênero feminino tem a maior incidência de tentativa de suicídio. Os conflitos dessa fase, em que não se é mais criança e ainda não se é adulto, traz sofrimento para muitas pessoas na tentativa de balizar esses conflitos. Podemos afirmar, e mesmo sem qualquer instrumento de avaliação científica e estatística, que a depressão é uma das principais causas de tormenta e dor do adolescente.

Grande parte dos adolescentes traz para si sofrimentos psíquicos diante dos desafios inerentes a esse período, seja pelas competições que se estabelecem no ambiente escolar, seja por não conseguir responder ao consumismo que é imposto de modo severo a esse período, seja por não ter um sustentáculo familiar para a travessia de período tão conturbado. E seja ainda em razão das condições econômicas adversas, que impõe toda a sorte de privações e sofrimento emocional, ou seja, é fato que a adolescência é um período em que as contradições sociais se mostram mais pungentes e ácidas para o desenvolvimento humano.

O adolescente é aquele ser que está se formando com sinais de desajeitamento diante da nova configuração corporal. E se por um lado apresenta essa situação disforme, de outro é muito sensível a tudo que cerca seu entorno. Dessa maneira, ao ter sobre si toda a confluência das contradições sociais, muitas vezes, não resiste e sucumbe ao sofrimento psíquico. E dentro desse quadro, a depressão se mostra como uma das saídas que mais encontra guarida junto a eles. E se considerarmos que é nesse período que muitos jovens adentram o universo das drogas lícitas e ilícitas, temos que, a forma de buscar saída para essa confluência de variáveis que incidem sobre si, faz do jovem suscetível a todas as formas de envolvimento em busca de algo que traga alívio ao vazio que sente diante dessas contradições.

O jovem com seus sonhos e ilusões encontra na cáustica realidade social um anteparo cruel diante da qual não tem força psíquica para o enfrentamento. Ser jovem é, ao mesmo tempo, ilusão e decepção, sonho e pesadelo, vida desabrochando em busca de mais vida, e vida clamando pelo suicídio para estancar a dor insuportável que tem sobre si.

Na adolescência, desenvolvem-se e se consolidam a autoestima e os conceitos até mais complexos sobre si, e mesmo sua inserção social, a partir de novas responsabilidades familiares e sociais, e mesmo se tornando responsável pelos próprios atos diante dos quadros de contravenção penal. Um período de grande aprendizagem de normas e conceitos sociais e morais, ainda que colidam com seus valores e mesmo com seus ideais de vida. E como já dissemos, uma fase de transição entre a infância e a vida adulta que se manifesta nas acentuadas mudanças biológicas e hormonais que podem provocar, muitas vezes, dúvidas, inquietações e comportamentos inquietantes diante desse quadro de transformação.

Aberastury (Aberastury et al., 1988) sinaliza que a violência dos estudantes não é mais do que a resposta à violência institucionalizada das forças da ordem familiar e social. Os estudantes se revoltam contra todo nosso modo de vida, rejeitando as vantagens tanto como seus males, em busca de uma sociedade que põe a agressão a serviço dos ideais de vida e eduque as novas gerações, visando à vida e não à morte. A sociedade em que vivemos, com seu quadro de violência e destruição, não oferece garantias suficientes de sobrevivência e cria uma dificuldade para o desprendimento. O adolescente, cujo destino é a busca de ideais e de figuras ideais para se espelhar, depara-se com a violência e com o poder e os usa.

É nesse período que surge, muitas vezes, os primeiros indícios de uma possível independência financeira e emocional em relação aos pais e à família, período em que a imposição de valores para si, implica em muitos casos na negação daquilo que lhe foi transmitido na seara familiar e escolar. É dizer que a construção da identidade do jovem passa, necessariamente pela desconstrução do que havia sido anteriormente transmitido por seus tentáculos sociais e familiares. E questões envolvendo a sexualidade surgem com intensidade avassaladora, principalmente, se essa sair dos padrões sociais e familiares. Assim, se um adolescente de qualquer gênero se percebe homossexual, sua vida será direcionada a partir de então para conflitos psíquicos e embates sociais e familiares para os quais muitas vezes não está preparado. E mesmo o adolescente que está dentro dos padrões de sexualidade aceitos socialmente, ainda assim, terá sobre si toda uma série de questões envolvendo desde aceitação ao próprio desenvolvimento hormonal, sexual, afetivo até questões mais complexas de como lidar com essa avalanche de transformações, as quais o colocam em contínua ebulição emocional.

Citamos que a Psiquiatria, por meio de estudos envolvendo os neurotransmissores, determina que a depressão é uma alteração significativa desse conjunto orgânico. Essa visão organicista é alimentada continuamente pelo surgimento diário de novas drogas que a indústria farmacêutica apregoa poder curar os diferentes constitutivos de sofrimento psíquico. Isso, em relação ao adolescente, tem agravantes tão severos quanto aos já citados em relação ao universo infantil. O adolescente igualmente está em transformação, buscando sedimentar seus conceitos de autoimagem e solidificar a autoestima. E ter de lidar com o estigma de ser alguém portador de depressão é algo que possivelmente irá acompanhá-lo pela vida afora, fazendo com que outras etapas de desenvolvimento apresentem ainda mais dificuldades de superação diante de tais desatinos.

A depressão no adolescente é algo bastante contundente, pois escancara de modo doído a maneira sofrida que esse jovem está efetivando a passagem para a vida adulta. Temos ainda o surgimento de quadros de distimia – uma tristeza que ocorre por um período de alguns anos juntamente com o sintoma da depressão –, e seus principais sintomas incluem perda de interesses nas atividades do cotidiano; falta de esperança, baixa autoestima; falta de apetite; baixa condição de energia; irritabilidade; alteração no sono e falta de concentração em tarefas que exigem aptidão cognitiva.

A depressão no jovem tem o ingrediente indigesto de ser um indício de ideações suicidas em meio a essa turbulência. É dizer que, diante das intempéries da vida, e com o sofrimento da depressão, a ideação suicida surge como um balsamo em sua consciência obnubilada para outras possibilidades que não a morte. Temos que o adolescente de gênero feminino relata ideação suicida em grande parte dos casos fatores e determinantes subjetivos para o seu quadro de depressão. Assim, teremos sentimentos de tristeza, vazio, tédio e ansiedade, e preocupação com a popularidade, e nos tempos de realidade virtual, há possíveis indícios de rejeição efetivados nas diferentes redes sociais, e a consequente elevação da baixa autoestima.

Parte dos adolescentes do gênero masculino tem sentimentos como desprezo de si diante da reprovação social a partir do olhar do outro, desafio e desdém diante dos obstáculos que surgem em seus caminhos. E, como agravante, há problemas de conduta que incidem em diferentes formas de enfrentamento às autoridades constituídas – pais, professores, diretores de colégio etc. –, daí temos falta às atividades de aulas, fuga de casa, incidência de violência física, roubos e abuso de substâncias químicas para atordoamento da consciência, principalmente com drogas ilícitas, o que implica em nova afronta às autoridades constituídas e, nesse caso, até para a autoridade policial, uma vez que estará entrando na seara da contravenção penal.

Aberastury (ABERASTURY et a., 1988) assevera que a adolescência foi motivo de contínuos estudos que progrediram desde considerar somente os problemas surgidos com o despertar da sexualidade até o estudo das estruturas do pensamento que localizam o jovem no universo de valores do adulto.

O acúmulo de expectativas lançado sobre o jovem, além daqueles que eles mesmos fazem sobre si, provoca a condição de um ser pressionado de todos os lados em saber como direcionar essa ebulição emocional. O sofrimento psíquico é um dos recursos utilizados pelo organismo diante de agressões tão severas que incidem sobre si. O acolhimento nessa fase é algo sempre primordial, pois ajuda a se fazer de modo consistente a transição por esse período, para que o adolescente seja fortalecido para as intempéries do caminho.

Depressão. Simplesmente depressão...

POESIA

Lágrimas

Selma Leite

Lágrimas, qual sentido?
Dos olhos descem tristezas em gotas, tão certeiras quanto à tentativa
de evitá-las.
E elas caem...
Na mesa se transformam em denúncia. São marcas de alguém que
lutou para contê-las, luta em vão, não há vitória, só um coração aflito.
Elas caem...
Revelam a alma, a circunstância e o martírio.
Cada gota tem a força de um desespero contido, calado e sentido.
Sua teimosia molha os sonhos antes mesmo de tocar seu rosto, um
aperto no peito traduz o momento e a importância de ser ouvido...
Respeite a tristeza de alguém, não cobre alegria, o momento não
concebe, é o encontro da dor com seu mais puro sentido.
São noites de profundo pesar, saudade e intenso desafio.
Segurar as lágrimas
Certeza da derrota são pressas em forma líquida, quando você menos
espera, elas rolam...
Lágrimas...
São das dores, o início
Saudade que antecede
esse imenso vazio.

CAPÍTULO X

Depressão e Suicídio

Uma palavra transforma o coração
e o leva a novos sentimentos de ardor
SABEDORIA CIGANA

Diante da irreversibilidade do sofrimento

Meu percurso frente ao desespero humano se deu inicialmente no atendimento às vítimas de tentativas de suicídio (ANGERAMI, 1984). A partir do envolvimento no acolhimento ao desespero advindo das tentativas de suicídio, e depois ao desesperado e desesperançado (ANGERAMI, 2017, 2018), outras vertentes surgiram como vértices dessas atividades. E obras sobre solidão (ANGERAMI, 2017), e agora sobre depressão surgiram sequencialmente. Temas que se imbricam com o suicídio e se tornam inextricáveis pelo constitutivo de desespero e dor de que se constituem.

Falar em depressão, e mesmo sobre solidão, é trazer concomitantemente o espectro do suicídio para o centro das discussões. E o contrário também é verdadeiro, afinal, não há como falar em suicídio e ao mesmo tempo não ter a solidão e a depressão como temas subjacentes, algo que está na condição subliminar do desespero humano.

A depressão, muitas vezes, traz sobre si ideações suicidas. E o suicídio, por mais paradoxal que possa parecer, traz a depressão para o rol do sofrimento psíquico a ser considerado sério e preocupante. Antes do início do surgimento da ideação suicida, a depressão não é considerada algo sério para os familiares e amigos em geral. A depressão, por não apresentar sinais externos de sofrimento, e nem mesmo manifestações orgânicas observáveis e palpáveis, não é considerada algo que mereça preocupação pelas pessoas mais próximas ao paciente e, muitas vezes, nem mesmo para o próprio paciente. A coisa começa a ganhar ares de severidade e até de preocupação quando surge no cenário a possibilidade de ideação suicida. Então, o que podemos observar é que aquela manifestação do paciente não considerada séria e preocupante passa a merecer atenção, e até mesmo, a mobilização para a busca de ajuda especializada.

Dessa maneira, o quadro de depressão, se torna algo merecedor de preocupação quando o cenário se torna irreversivelmente turvo. Apenas quando a coisa começa a ganhar tingimento com as cores e a presença da morte, da possibilidade de dar fim à vida com as próprias mãos diante do sofrimento, daí, a depressão passa a merecer preocupação. Então, todo o quadro de depreciação da doença e do doente passa por transformação significativa.

Antes do surgimento da ideação suicida, não raramente, a depressão é considerada *frescura*, *falta do que se preocupar*, e tantas outras definições pejorativas que só fazem desqualificar o sofrimento vivido por esse paciente. Mas quando surge a ideação suicida, e mesmo a possível tentativa de suicídio, a depressão passa a ser considerada algo que precisa ser tratada e que denota a necessidade premente de intervenção especializada. Dessa maneira, temos uma nova configuração para o enfrentamento das mazelas provocadas pela depressão. Busca-se, então, algo que possa estancar esse sofrimento, agora considerado severo e cruel, pois se mostra capaz de levar ao extermínio da própria vida.

O desespero se configura com tal teor de sofrimento que a morte surge como possibilidade única para estancar sofrimento tão dilacerante. Sempre existem outras possibilidades, no entanto, ocorre que a pessoa tem total obnubilação de consciência e a morte surge como sendo a única possibilidade tangível para estancar essa dor (ANGERAMI, 2017). E o sofrimento trazido pela depressão faz com que a pessoa tenha ideações suicidas para tentar acabar de vez com esse sofrimento.

E o mais interessante e angustiante nesses quadros é que os casos de tentativas de suicídio ocorrem justamente nos momentos em que a pessoa sai dos quadros contundentes de depressão. E o argumento a justificar a tentativa de suicídio é acabar com tudo de vez para não voltar ao sofrimento trazido pela depressão. Por mais paradoxal que possa parecer, o suicídio é procurado para que o sofrimento trazido pela depressão seja estancado de vez. Ou seja, não há a busca por tratamento eficaz para acabar de vez com a depressão, apenas a morte é vista como sendo a única possibilidade para encerrar de vez com o sofrimento dilacerante trazido pela depressão. É dizer que o tratamento com pessoas em estados graves de depressão se tornam decididamente preocupantes quando elas saem do quadro de depressão.

A depressão, por assim dizer, no auge de sua contundência, paralisa a pessoa de modo a não permitir sequer força vital para promover a autodestruição. Seu estado de letargia a deixa prostrada sem condição de qualquer ação, sem conseguir deliberação nem mesmo para a autodestruição. No entanto, ao sair da severidade desse quadro, o suicídio é buscado, segundo o depoimento de inúmeros pacientes, para não voltar ao sofrer com a crueza dilacerante do sofrimento da depressão. Significa dizer que o psicoterapeuta, diante desse quadro, precisa estar atento à delicadeza desse momento em que a depressão atenua suas garras de estrangulamento sobre o paciente.

Dissemos anteriormente que o tratamento do quadro de depressão precisa ser multiprofissional, afinal, a psicoterapia precisa do auxílio coadjuvante da medicação para atenuar seus determinantes de sofrimento ao paciente. Dessa maneira, vamos caminhar com a psicoterapia pareada a outras formas de tratamento, todas envoltas no mesmo objetivo que é o soerguimento do paciente.

Os diferentes constitutivos da depressão fazem com que suas manifestações sejam revestidas de variações e formatações bem diversas entre si, e isso exige do psicoterapeuta uma performance em que todos os recursos disponíveis para a abrangência de sua eficácia sejam considerados. A psicoterapia não pode ser vista como algo que isoladamente terá condições de resolver a totalidade do sofrimento do paciente. Uma ação multiprofissional e multifatorial se faz necessária a fim de que não se perca o foco de qualquer dos tentáculos que estejam a agrilhoar o paciente em seu quadro de depressão.

O suicídio, ao surgir como possibilidade de resolução para o sofrimento provocado pela depressão, traz também a condição de ser catalizador de outros tantos sofrimentos presentes nessa pessoa. Vimos anteriormente as conjunções que implicam no surgimento do quadro de depressão e suas diversas intersecções. Significa dizer que a depressão estará envolta em grande teia de sofrimento, o que faz com que o alcance de intervenção dos profissionais da saúde seja igualmente amplo e abrangente para envolver todas as partes que compõem esse cenário. Esses quadros podem ser considerados como sendo depressão suicida, uma interposição que implica na autodestruição como sequencial a esse envolvimento de desespero e dor.

Depressão. Simplesmente depressão...

Do suicídio como alívio ao quadro de depressão

Já citamos que o paciente, ao sair da depressão, passa a ter ideações suicidas para não voltar ao sofrimento legado pela depressão. A sucumbência provocada pela depressão é tão severa e de cores e matizes tão desesperadores que a morte aparece como o maior alívio que se pode ter diante desse quadro desesperador.

Se recorrermos, por outro lado, ao que citamos anteriormente sobre pessoas acometidas no quadro de melancolia, pessoas que estão sofrendo pelo passado idealizado, por algo que não foi vivido, situação em que o imaginário massacra impiedosamente essas pessoas condenando-as por suas escolhas do passado, vemos, então, a confluência da morte como forma de alívio a tanto sofrimento, ou ainda, nos casos de pessoas em que etnias, orientação sexual rejeitada socialmente, negritude dentre outras tantas formas de perseguição aviltante, expõe a alma humana a toda sorte de crueldade e pesar. Certamente, são configurações em que a depressão irá se mostrar como um bálsamo que traz a condição ilusória de que seria a coisa mais eficaz para colocar fim a tanto sofrimento e dor. E o sequencial da depressão com o suicídio torna-se, sempre no imaginário, nunca é demais frisar, algo que poderá estancar a dor e o sofrimento dessas mazelas de modo definitivo.

A conjunção do suicídio com a depressão está muito vincada de modo a fazer com que essa associação dificilmente se desfaça diante dos estudiosos que se debruçam sobre essas temáticas. É como se necessariamente a depressão levasse inevitavelmente ao suicídio, e de outra parte, os casos de suicídio sempre tivessem quadros de depressão em suas vítimas. Embora não se trate de expor total excludência, o fato é que essa junção não se configura na maioria dos casos das pessoas vítimas de suicídio. Teremos tantas outras variáveis incidindo sobre essas pessoas, e os quadros de depressão, embora possam estar presentes em muitos casos, não se configuram necessariamente como parte indissolúvel e inerente à ocorrência do suicídio.

Os estudiosos da temática de suicídio, em grande parte, debruçam-se sobre possíveis intercorrências que possam levar uma pessoa ao ato do suicídio, buscando, e quase sempre apresentando, a depressão como algo inerente a esse quadro. Outras tantas variáveis ficam em segundo plano, algo que felizmente está mudando, afinal, o que mais se configura na situação de suicídio são as diferentes facetas do desespero humano em todo o seu nível de abrangência. Desespero humano que pode ser dilacerante e tornar a vida de uma determinada pessoa algo insuportável, mas que necessariamente não apresenta a depressão em seus contornos.

A angústia presente nos quadros de desespero diante da vida e suas intersecções faz com que o suicídio não apresente na quase totalidade das vezes qualquer tangência com a depressão. Ao contrário, nesses casos quando a depressão se faz presente, o próprio quadro de desespero muda de configuração e se torna algo que precisará de nova definição.

A questão envolvendo o suicídio e a depressão é algo que precisa ser analisado de modo bastante cuidadoso para que não se façam digressões teóricas e filosóficas em que o teor da representação criada no imaginário dê contornos que não condigam com a realidade do sofrimento desses pacientes.

A depressão, vista anteriormente, não pode ser analisada isoladamente como se fosse algo que não tivesse relação com outros níveis de sofrimentos apresentado pelo paciente. Tal como a febre mostra um quadro infeccioso incidindo sobre o organismo, a depressão precisa ser contextualizada. E nos casos envolvendo tentativas e mesmo o suicídio, é preciso que a depressão seja analisada englobando o enfeixamento de variáveis que possam estar agindo sobre esse paciente e dando configurações de sofrimento e dor a ponto de o suicídio surgir como alternativa que possa colocar fim a esse sofrimento.

Depressão. Simplesmente depressão...

CAPÍTULO XI

Da depressão nos animais

Não se doma o cavalo sob o açoite do chicote,
mas no afagar das mãos
Sabedoria cigana

Animais domésticos

Durante muito tempo, muitas pessoas viam nos animais domésticos, principalmente cães e gatos, apenas e tão somente seres que serviam para fazer companhia a pessoas solitárias, ou ainda, para ajudar no processo de socialização e disciplina de crianças. Inclusive, era comum a afirmação de que os gatos não possuíam apego aos donos, tendo apenas alguma deferência com o local. E ainda hoje vemos alguns incautos discutindo se esses animais possuem a capacidade do pensamento. Evidentemente que eles não possuem a cognição desenvolvida como os humanos, mas negar que tenham alguma forma de pensamento é rejeitar a obviedade que se estende aos nossos olhos. E de algumas décadas para cá, sem que se tenha uma data específica para isso, e com o desenvolvimento dos estudos de veterinária, e mesmo da indústria voltada para a alimentação e conforto desses animais, passou-se a considerar que tanto os cães como os gatos eram seres providos de sentimentos bastante sensíveis, e muito apurados para o que ocorre em seus entornos. Também que tinham apego significativo e sensível aos seus donos e companheiros, inclusive, os gatos. O fato de enfatizarmos nossa análise sobre cães e gatos não significa desapreço por outros tipos de animais domésticos, apenas focamos naqueles mais presentes na maioria da vida das pessoas.

Em Angerami (2017), refletindo sobre a solidão dos animais, afirmarmos que esses, se tiverem a companhia de semelhantes, viverão melhor do que se forem sozinhos na companhia de humanos. Essa constatação deriva simplesmente da observação sem qualquer crivo científico dos tantos animais presentes em nosso entorno, seja em casa de amigos, familiares, seja ainda nos depoimentos dos donos desses animais. Embora essas afirmações não tenham qualquer balizamento científico serão facilmente observáveis e constatadas na simples observação desses animais e de seu entorno.

O sentimento de apego dos animais domésticos é algo ao mesmo tempo fascinante e inominável por sua extensão. E frise-se que o apego é tanto do animal como do dono. Nesse sentido, podemos pontuar algo que citamos em Angerami (2017) sobre a iniciativa que está ganhando muitos adeptos e crescendo com bastante intensidade que é levar animais domésticos para visitar seus donos quando esses estiverem hospitalizados. Esse procedimento tem o nome de Terapia Assistida por Animais (ANGERAMI, 2017).

As cenas desses encontros são fascinantes, tal o teor de emoção presente nesses atos. Já existe a constatação de que a presença desses animais em visitas aos seus donos na realidade hospitalar é algo que traz grande alívio ao seu sofrimento, principalmente naqueles casos de cuidados paliativos em que o paciente não tem mais qualquer perspectiva de cura e alta hospitalar com retorno ao seu lar.

Dentro desse mesmo prisma de envolvimento emocional dos animais com seus donos temos, então, o sofrimento que eles passam quando algo acontece a essas pessoas. São conhecidas as cenas de cães que acompanham o enterro de seus donos e permanecem junto à campa mortuária à espera que esses possam ressurgir. Também são conhecidas as situações em que os donos, após longos períodos de viagem, recebem um acolhimento de seus animais domésticos que as palavras não conseguem expressar, algo verdadeiramente inominável.

Nesse contexto, podemos ainda observar o sofrimento desses animais quando algo acontece aos seus donos. Animais ficam enfermos e necessitam de cuidados veterinários ao se verem sem os seus donos, e com relação a essa ausência existem muitos relatos de sofrimento.

A depressão canina e felina já têm definições bastante expressivas e podem ser facilmente constatas. O animal apresenta falta de apetite, perda de peso, recusa em brincar com outros animais ou seus tutores, prostração, isolamento, agressividade repentina, olhar que pode ser definido como perdido e triste, e lambedura excessiva, principalmente do focinho. Esses sintomas não precisam estar nessa sequência e tampouco se apresentarem na totalidade. Esses são alguns que estão sendo considerados como fazendo parte da depressão desses animais, o que não significa dizer que não existam outras manifestações que denotem sofrimento e possam ser definidas como fazendo parte do chamado quadro de depressão animal.

As questões que envolvem o sofrimento dos animais domésticos e que podem levá-los a quadros depressivos, na maioria das vezes, são imbricadas em questões que envolvem seus donos e tutores. Embora possa haver alguns casos de sofrimento animal diante da perda de outros animais, a grande maioria desses casos se desenrola diante de algo que possa acontecer aos seus donos e tutores. Existem ainda casos de sofrimento quando da chegada de um novo animal no ambiente, ou ainda de crianças recém-nascidas e que passam a merecer a atenção de seus donos e tutores. E assim como acontece aos humanos, a depressão animal também precisa de cuidados profissionais, no caso com a ajuda dos veterinários, de medicação específica para o seu quadro até que se recomponham daquilo que possa estar provocando esse sofrimento tão desvairado.

A compreensão de seu sofrimento igualmente será balsamo a cicatrizar sua dor emocional, aquilo que de fato está sendo contundente para sua alma. E no tocante à existência de alma nos animais, isso é algo que já superou as diferentes controversas existentes a respeito, tendo os mais diferentes constitutivos. O animal apresenta processos claros de subjetivação, o que implica necessariamente na existência de psiquismo.

Vamos abordar algumas indagações sobre a alma animal.

Diante da Filosofia

Para Aristóteles (1986), "a alma dos animais é caracterizada por duas qualidades: a qualidade de raciocínio, que é obra do trabalho e da razão, e a qualidade de comandar o movimento". Essa definição estabelece uma divisão bastante clara entre suas funções, mas de modo conciso mostra um aspecto bastante interessante da condição animal.

Ainda em termos filosóficos, temos a estupenda obra de Regan (2007), em que o direito da vida animal é mostrado em detalhamentos e aspectos contundentes. Obra essencial para todos que de alguma maneira se debruçam sobre os aspectos envolvendo a dignidade da vida animal. Uma de suas mais tocantes colocações, Regan (2007) diz "o animal tem direito a uma vida, direito inalienável de viver plenamente sua vida sem interrupção promovida pelos humanos".

Diante do Budismo

Para o budismo, os animais são considerados de modo sensível e abrangente, e há a afirmação de que um ser pode renascer sendo que existem vários *céus*, embora eles não sejam lugares permanentes. É dizer que seu princípio reencarnacionista aceita o fato de que após a morte um determinado animal pode voltar reencarnado em outra espécie. Eventualmente, o ciclo começa novamente e se renasce em outro lugar e isso continua até o Nirvana[4].

O budismo também vê os animais como sencientes, assim como os seres humanos, ou seja, são capazes de sofrer ou sentir prazer e felicidade. Dessa forma, o budismo diz que os seres humanos podem ainda renascer como animais e esses podem renascer como humanos. Dessa maneira, para eles a questão que se aplica é a interligação entre todos os seres existentes, não havendo diferença em seus processos de evolução enquanto seres existentes.

Diante do Hinduísmo

O hinduísmo, de outra parte, também descreve um aspecto de reencarnação em que a alma eterna de um ser renasce em plano diferente após a morte, continuando esse processo sequencialmente até que a alma seja libertada. Para o hinduísmo, os animais têm alma e concebe que eles evoluem para o plano humano durante o processo de reencarnação. Da mesma maneira que a visão budista, no hinduísmo os animais são uma

---

[4] Estado de libertação do sofrimento (ou dukkha), uma superação do apego aos sentidos, do material, da existência e da ignorância; a pureza e a paz.

parte do mesmo ciclo de vida-morte-renascimento que os seres humanos, mas em algum momento eles deixam de ser animais e suas almas evoluem para corpos humanos para que possam estar mais próximos de Deus. Essa visão contempla o ser humano como o ápice da evolução dos seres vivos, e o renascimento, em outra espécie, significa ter alcançado plenitude em sua evolução. Da mesma maneira, existe o inverso nessa escala evolutiva. Assim, um ser humano que comete suicídio, por exemplo, para o hinduísmo, voltará como outra espécie, e terá novamente que evoluir entre as espécies para voltar à condição humana.

Por essas razões, tanto o hinduísmo como o budismo pregam a total abstinência de carne animal como alimento, afinal, como visto, são seres em evolução e que têm direito a uma vida plena.

Diante do Judaísmo

O judaísmo, por outro lado, afirma claramente que os animais têm alma. Os judeus mantêm sua forma de alimentação chamada kosher[5], em que certos tipos de bichos não são autorizados para consumo, tais como o porco, o coelho, o caranguejo, o camarão. E ainda sangue de nenhum tipo, nem mesmo em carnes mal passadas. Eles acreditam que o sangue representa a essência do ser. Por isso, para os animais que são permitidos serem utilizados como alimentos, é necessário um ritual específico de abate a fim de que ele seja consumido sem impurezas. No judaísmo não existe, no entanto, um consenso sobre o que é uma alma animal e se é tão importante ou tão divina quanto uma alma humana.

Diante do Cristianismo

Na atualidade, o catolicismo e outras religiões cristãs, entretanto, em sua teologia mais formal, negam com veemência a existência da alma animal. As exceções são os escritos de Santo Agostinho e os ensinamentos de São Francisco de Assis, sobre os quais faremos comentários mais adiante. E mesmo Alan Kardec (2017), o principal mentor do espiritismo, em dissonância com as principais correntes cristãs, em sua principal obra

---

[5] Kosher é o conjunto que normatiza os alimentos que os judeus podem consumir.

coloca que "A alma animal é também uma alma, se quiserdes, dependendo isso do sentido que se der a essa palavra. É, porém, inferior à do homem. Há entre a alma dos animais e a do homem distância equivalente a que medeia a alma dos homens e Deus". E, igualmente, temos uma forma de compreensão dos animais que os colocam em patamares de respeito e dignidade.

No passado, os cristãos tinham em seus bens móveis uma quantidade formidável de escravos negros. E a justificativa para essa barbárie era de que eles não possuíam alma, e, portanto, não teriam a essência humana como os brancos. É fato que o Papa Francisco recentemente pediu desculpas aos povos da África por essas atrocidades. E a partir dessa idiotia, tal qual aconteceu no passado com os negros, toda a violência cometida contra os animais se justifica pela afirmação estúpida de que esses não possuem alma.

Os cristãos não têm qualquer piedade com outras espécies. Chegamos mesmo a situações dantescas de, ao final de retiros espirituais cristãos, acontecerem feijoadas de confraternização ou churrasco ou qualquer outra coisa que implique em violência contra os animais. Desse modo, tudo se justifica, e a violência cometida contra os animais, seja em forma de vaquejada, rodeios, touradas, rinhas de galo, cachorros etc., gozam do consentimento, e muitas vezes, até da benção dos religiosos cristãos. Inclusive, dentro dessa idiotia, temos a conivência para atrocidades como pescaria, caça, atrações circenses e tudo o que se pode conceber para humilhação e degradação da vida animal. Seria risível se não fosse lamentável.

Essa crueldade cometida contra os animais tem como fundamentação o modelo judaico cristão em que nossa sociedade está sedimentada. Nele, o homem é o centro do universo, e tudo o que for para o seu benefício se justifica. Seja a destruição de árvores e do meio ambiente para o conforto humano, seja ainda no uso de animais para experimentos científicos, ou ainda a humilhação de gaiolas e outras formas de deterioração da vida animal para sua conveniência e lazer.

Nesse sentido, causou estranheza a esses grupos uma manifestação do Papa Francisco para uma criança que chorava em razão da morte de seu cãozinho. Disse ele: — O paraíso está aberto a todas as criaturas de Deus.

Não é sabido se isso confortou o menino, mas a declaração gerou alvoroço. Ao jornal The New York Times, entidades que lutam pelos direitos animais, como o grupo Pessoas pela Ética no Tratamento dos Animais (Peta), pronunciaram-se satisfeitas. Teólogos mais conservadores, por outro lado, reforçaram que a frase não apareceu em um contexto formal, e que não haveria lugar no céu cristão para seres que não têm alma[6].

Mas é de um amigo muito querido, o Ricardo Venturino, que além de cachorreiro atua com pessoas em situação de rua, a melhor colocação sobre essa questão envolvendo a alma dos animais: Ah... sobre os animais eu costumo dizer: não sei se existe um céu para cachorros, mas quando eu morrer quero ir para onde eles vão!

Uma das vozes que soa dissonante no catolicismo em relação à alma dos animais é a de Santo Agostinho. Bispo de Hipona, filósofo e teólogo da Patrística, afirma que o homem feito à imagem e semelhança de Deus possui corpo e alma e esta substância racional tem a possibilidade do *conhecimento*, e a *razão* pelo desejo do Criador (Santo Agostinho, 1986). Recebedora da graça divina tem condições de entrar em contato com as verdades inteligíveis. O corpo é templo da alma, condição que nos separa dos animais da natureza, que também tem alma, mas não racional, daí não considerar imagem e semelhança, mas criaturas de Deus. Entretanto, é preciso entender em que sentido é dito que o homem foi feito à imagem e semelhança de Deus e que o homem é terra e há de tornar a terra. O primeiro refere-se à alma racional, aquela a que Deus infundiu, soprando, ou se é mais adequada a expressão, inspirando o homem, quer dizer, em seu corpo. E o segundo, ao corpo, tal qual foi por Deus formado do pó, corpo a quem deu alma para fazê-lo corpo animal, que quer dizer alma vivente[7].

Outra voz dissonante dentro do catolicismo envolvendo os animais é a de São Francisco de Assis, desde que deixou a família e se voltou à busca do Sagrado. São Francisco de Assis estabeleceu uma profunda relação de respeito e veneração pela natureza. Em relação aos animais, chamava-os de irmãos menores e pregava que deveriam ser tratados com respeito e amor. Falava com os pássaros, sendo que existe um episódio, a

---

[6] Extraído do *Site* GZH Comportamento. Disponível em: <https://gauchazh.clicrbs.com.br/>. Acesso em: 6 set. 2020.

[7] As referências sobre os ensinamentos de Santo Agostinho me foram gentilmente transmitidas por Selma Leite, companheira militante pelos Direitos Humanos, e membro da Pastoral da Criança de São Paulo, a quem delicadamente agradeço.

famosa pregação ao lobo, em que acalmou um lobo feroz falando com ele docemente. Segundo as narrativas, na região de Úmbria, especificamente na cidade de Gúbio, em que havia um lobo feroz que atemorizava todos os habitantes da localidade. Ele, então, vai ao encontro do lobo e faz uma dialética de amor, convencendo-o se tornar meigo com as pessoas. O lobo vai junto com São Francisco de Assis em outras pregações. Ele pregava sobre respeito e dignidade a esses seres, algo que, na atualidade, não é seguido sequer pelos frades franciscanos, aqueles que propagam seus ensinamentos. Também é bastante conhecido um de seus principais cânticos de louvor a Deus, o Cântico do Irmão Sol, em que, em um dos versos ele coloca: Louvado sejas, ó meu Senhor, com todas as Tuas criaturas, especialmente, meu senhor, o Irmão Sol. (Cântico do Irmão Sol, 1975). Aqui vemos uma alusão de respeito e inclusão a todas as criaturas como sendo pertencimento de Deus.

Ele propunha que a vida animal deveria ser preservada com o mesmo zelo que a vida humana. No entanto, seus ensinamentos em relação aos animais não são seguidos sequer pelos franciscanos, por aqueles que sequenciam a ordem iniciada com sua peregrinação. Os franciscanos comem carne animal sem qualquer constrangimento e se mostram indiferentes aos apelos de São Francisco de Assis para que fossem respeitadas e não servissem de alimento aos humanos.

No dia consagrado a São Francisco de Assis, dia 4 de outubro, os franciscanos celebram realizando a famosa benção dos animais, em que as pessoas levam seus animais domésticos para que sejam abençoados por esses religiosos. Esse acaba sendo um dos poucos posicionamentos de respeito animal seguidos pelos franciscanos. O sofrimento animal diante da dor, ou mesmo de situações de abandono, não são contemplados em sua ação religiosa.

Sobre o fato de os animais possuírem alma, os franciscanos se mostram reticentes dizendo que apesar de São Francisco de Assis considerá-los como irmãos menores, essa questão ainda é bastante controversa. O teor do sentimento animal e de sua alma passa por discussões, que passam ao largo das discussões teológicas, afinal, se assumirem esse posicionamento, a matança cometida contra os animais para que servissem de alimento humano teria que ser revista.

Ainda dentro da visão cristã, cito a contribuição de Ionice Lourenço:

Questionar se esses seres tão especiais e puros têm aspecto divinal equivaleria a questionar os desígnios divinos, seja qual for a religião, pois todos os caminhos religiosos mundo afora colocam o animal onde ele deve estar: um ser puro, de coração e sentimentos imaculados. Então, pensemos, se é de comum acordo que o ser humano, embora julgador e pecador, tem alma e continuidade, por que outros seres tão virtuosos, abnegados e materialmente desapegados não teriam? (Depoimento extraído em grupo de estudos)

A tendência da resposta geral seria no caminho da alegação, ainda segundo Ionice Lourenço:

se os animais não têm cognição, não têm alma, mas uma visão tão cartesiana e rasa não é suficiente para trazer paz ao coração de quem se despede dos seus entes de quatro patas, tampouco para entender a dinâmica da natureza selvagem, onde a luta pela vida é pauta diária entre predadores e presas. (Depoimento extraído em grupo de estudos)

O teólogo Pr. Wilson Santos de Carvalho contribui escrevendo que a alma humana é imortal e a alma do animal é morredora. Os animais têm os mesmos sentimentos que os humanos. O homem tem uma alma espiritual e imortal e o animal uma alma morredora.

De minha parte, prefiro a concepção do hinduísmo e do budismo, que coloca a alma animal em constante evolução tanto quanto a humana. E que, reencarnação após reencarnação, elas evoluem para se tornar seres superiores.

No caso do cristianismo, temos o fato de que o próprio Cristo, em diversas passagens narradas pelos evangelistas, preconiza a matança animal para deleite da ilusão gustativa. No episódio do Filho Pródigo, ele diz textualmente que diante de sua volta que se pegue o novilho mais tenro para se comemorar, ou seja, propõe churrasco sem qualquer escrúpulo com respeito à vida animal. Em outro episódio, ao ser perguntado se seus discípulos poderiam comer as carnes proibidas pelo judaísmo, principalmente carne de porco, não titubeou e disse que poderiam comer tudo, pois o que faz mal não é o que vem de fora, e sim do coração. E isso sem excluir o episódio em que os peixes são ofertados para consumo de seus seguidores. Cristianismo e dignidade à vida animal parecem tratar se de coisas excludentes, pois a questão é bastante complexa nesse derivativo.

Ainda nas palavras de Paula Linhares Angerami, a partir de discussão sobre esse texto:

> Toda essa discussão se o animal tem sentimento passa primeiro pela discussão da inteligência animal e os que afirmam que os animais irracionais têm inteligência porque podem aprender comportamentos e afirmam que o que distingue o homem dos outros animais é que o homem possui uma cultura e uma subjetividade e o animal não. (Depoimento extraído em grupo de estudos)

De minha parte, e com convívio estreitado com cães desde muitas décadas, não tenho qualquer dúvida sobre a existência da alma animal e da presença dos sentimentos mais nobres que possam existir. Sentimentos, inclusive, dificilmente encontrados na condição humana. Virtudes que denotam não apenas a presença de uma alma, mas de uma alma elevada que a nossa compreensão não consegue abarcar. E mesmo muitas das frases que envolvem os cães e que se constituem em verdadeiras sabedorias populares temos algumas bastante eloquentes: *Fidelidade é virtude canina; o cão é o melhor amigo do homem; só os cães nunca traíram seus cuidadores; não há fé que nunca tenha sido quebrada, exceto a de um cão verdadeiramente fiel.* E verdadeiramente não seria possível arrolar todas as exaltações feitas aos cães, e verdadeiramente todas apontam para o seu lado emocional, para os aspectos afetivos de sua personalidade.

Algo muito importante sobre cães e que me foi pontuado pelos queridos amigos Ricardo Venturino, novamente presente, e Thiago Souza Reis, de início aluno dos nossos grupos e agora importante parceiro na trajetória intelectual e acadêmica. Eles disseram da importância dos cães para as pessoas em situação de rua, muitos, inclusive, com vários animais. Nessa realidade, eles têm o condão de trazer alívio à saúde mental dessas pessoas tão açoitadas por situação tão violenta e contundente. Verdadeiramente, é algo admirável de se observar a harmonia existente entre pessoas em situação de rua e seus cães, algo decididamente inominável. Algo sensível e admirável a observação da relação desses cães com essas pessoas, excluídas de modo tão cruel do convívio e da participação social. Pessoas que estão jogadas nas sarjetas e que, muitas vezes, sequer são observadas pela grande maioria da população, pessoas consideradas invisíveis, que sequer fazem parte do contingenciamento demográfico de uma sociedade. Mas os cães não fazem distinção desses seres, ao contrário, são companheiros leais e fiéis sem qualquer conotação de raça, cor e condição social e econômica. Acompanham seus donos de modo irrebatível e sem esmorecimento.

Quando trazemos isso à reflexão dos nossos preconceitos estruturais, certamente, teremos muito a aprender com a atitude dos cães que estão com as pessoas em situação de rua, e ademais a depressão quando presente nesses animais, certamente se dá quando algo acontece aos seus donos, seres vulneráveis sob todos os ângulos de análise[8].

Sobre os gatos, temos também frases bastante pertinentes e sensíveis: *Não existem gatos comuns; prefiro gatos a cachorros porque não há gatos policiais; claro que você pode amar um gato mais do que um humano; os cães nos olham como seus deuses, cavalos como seus iguais, mas os gatos olham para nós como seus súditos*. Da mesma forma, seria impossível arrolar as exaltações feitas aos gatos e igualmente verdadeiras as elegias da alma para seus cuidadores. Outra coisa bastante importante e que foi acrescida por Giulia Grillo com relação aos felinos foi a questão sensitiva que a envolve com a sua gata. E aqui estamos denominando sensitiva a habilidade para a percepção de fenômenos e objetos independentemente de seus órgãos sensoriais, sejam eles visão, olfato ou audição. Ela narra que durante uma luta muita árdua com uma doença severa que se abateu sobre si, sua gatinha não mais dormiu sozinha e passou a pernoitar em sua cama, acomodando-se junto a ela. Giulia conta ainda que ao descer sua rua de bicicleta, veículo que não faz qualquer ruído, ao chegar a casa, tem sua gata a esperá-la no portão. Também narra que, desde o enfrentamento de sua doença, a gata se mostra com variações de sentimentos de acordo com ela. Giulia também trabalha com pessoas em situação de rua, como proeminência nas ruas da Cracolândia, e quando está abalada com alguma situação decorrente desse trabalho sua gata se redobra em cuidados.

---

[8] A guisa de curiosidade existe o fato de que os hospitais públicos na cidade de São Paulo, voltados para o atendimento de animais domésticos e de pequeno porte, têm sua principal demanda, justamente dessas pessoas em situação de rua que levam seus animais em busca de cuidados. E isso é algo bastante paradoxal, pois são pessoas vulneráveis e, muitas vezes, sem qualquer cuidado com a própria saúde, e, no entanto, zelosos e cuidadosos com seus cães.

Algo sensitivo e que não pode ser deixado de lado nessa análise sobre a questão emocional dos animais.

Ainda sobre gatos tem ainda a narrativa de Paula Linhares Angerami que convive com dois gatos, e diz que ao chegar em casa depois de atividades diárias, e também quando volta de intervenções igualmente realizadas na Cracolândia, seus animais estão à sua espera junto à porta e começam a miar desde que abre a porta do elevador.

Embora o aspecto sensitivo dos animais seja atribuído principalmente aos gatos, possuo um grande amigo, Enrique Marti que tem uma cadelinha, e que está sempre em seu colo nos momentos mais difíceis de sua vida. Ela parece prescindir quando ele mais precisa de seu dengo e não esmorece nessa função. E se é possível falar na possibilidade de depressão em ambos, certamente um acolhe o outro nessas situações.

O gato é mencionado na mitologia egípcia – Bastet – como seres mágicos. O gato também é muito presente na cultura japonesa: Maneki Neko gato da sorte.

E se os animais são capazes dessas expressões de sentimento, daí arrola-se também a depressão e outras formas de sofrimento quando sentem algo muito desfavorável. Temos, então, que a questão da somatização orgânica desses animais diante de diferentes formas de sofrimento já está a merecer estudos pormenorizados, não apenas das ciências veterinárias, mas de todos que se debruçam sobre esse binômio formado com os seres humanos.

Depressão. Simplesmente depressão...

Animais na mata

Desde que me mudei para a Serra da Cantareira, observo atentamente o comportamento de diversas espécies que compõe a fauna desse maravilhoso canto do universo, e quando escrevo essas linhas são trinta e um anos de vivência nessa mata, na maior reserva florestal urbana do planeta. Eu optei por escrever a partir da minha vivência e das minhas observações sobre algumas espécies em detrimento de possível pesquisa bibliográfica sobre tais aspectos, pois, verdadeiramente, qualquer pesquisa sobre subjetivação na vida animal terá como referência o olhar de quem observou e escreveu tais asserções, algo objetivo e absoluto não encontramos na condição humana e, tampouco, na vida animal. Daí a predileção por escrever a partir da minha observação e convivência com esses seres ao longo de tantos anos. Se houver erro ou possível reducionismo científico, certamente algo passível de ocorrência, ainda assim, será menor do que os presentes nas pesquisas quantitativas envolvendo questões subjetivas.

A vida dos animais na mata apresenta peculiaridades próprias, e debruçar sobre o que acontece com algumas espécies é algo fascinante, que nos mostra, de modo bastante intrigante, como eles se relacionam entre si e, principalmente, suas manifestações emocionais. Irei escrever sobre duas espécies presentes em meu entorno, e sobre as quais tenho familiaridade: bugios e saguis.

Bugios

Tarde de Verão. Estava acomodando alguns DVDs em seu respectivo armário quando ouço grande estrondo sobre o telhado da sala em que me encontrava. Seguido ao estrondo, ouço algo se deslocando em queda abrupta e, finalmente, o baque de encontro ao chão. Corro para a janela para ver o que havia caído e constato que era um bugio filhote e, sequencialmente, vejo sua mãe sobre as galhas de uma Extremosa, atônita, vendo que o filhote estava exposto na área inferior dos cães aqui de casa. Dei *voz de comando*[9], e eles se afastaram do filhote que aparentava dor devido à queda que havia sofrido. Desci as escadas em velocidade alucinante até o quintal onde o filhote ferido se encontrava. O filhote estava quedado ao chão sendo observado pelos cães que estavam quietos sob a minha *voz de comando*. A mãe continuava quieta e observando todas as cenas da galha em que se encontrava. Certamente, ela julgava assistir ao desenlace final de seu filhote, afinal, mesmo estando livre de possível ataque dos cães, ele estava agora sob o julgo de outro ser igualmente estranho à sua realidade, e gerador de temor, além de possível predador.

---

[9] Voz de comando é a expressão que define o comando de voz do tutor e adestrador aos cães. Essa voz de comando é imperativo para ataques, defesas ou mesmo para a execução de habilidades. Apenas em situações instintivas os animais não obedecem à voz de comando. Exemplo de situação instintiva é o comportamento do cão macho diante de uma cadela no cio.

Eu deduzi, pela experiência da vida na mata e de anos observando as fêmeas bugios a carregar seus filhotes nas costas durante a caminhada pelas galhas das árvores, que ela caminhava sobre o telhado com o filhote nessas condições, provavelmente para facilitar a travessia entre as galhas das árvores, que ele havia se descolado devido ao telhado ser muito íngreme, caindo em queda livre sem aparato de qualquer espécie.

Cheguei próximo ao filhote que estava inerte provavelmente devido ao impacto da queda. Ele olhou para mim com os olhos sem definição de qualquer sentimento que se pudesse apreender e mesmo definir. A mãe continuava imóvel na galha da Extremosa à espera dos meus movimentos. Peguei o filhote nas mãos e o levei até a base da árvore. A mãe desceu da galha mais alta em que se encontrava e veio buscar o filhote em minhas mãos. Ela o ajeitou em seu dorso e iniciou a subida para a parte mais alta da Extremosa para, certamente, ir em direção ao local em que ela se aninha com outros bugios, um Guatambu que se localiza alguns metros dessa Extremosa em que ela se encontra.

Entretanto, em meio a essa escalada, ela interrompe sua trajetória e me lança um olhar repleto de emoção, algo que defini como gratidão, olhar que me penetrou a alma de maneira suave e me fez entender algo muito importante no reino animal: a gratidão é inerente ao comportamento desses seres que alguns incautos insistem dizer que não possuem sentimentos ou qualquer outra forma de emoção. E, seguramente, posso afirmar, sem qualquer margem de erro, que essa mãe ficaria prostrada e muito tempo deprimida se algo acontecesse ao seu filhote diante do seu olhar.

Esses dois bugios pertenciam a um bando que sempre estava pelo nosso quintal por sempre disponibilizarmos a eles quantidades generosas de bananas e outras frutas que disponibilizávamos em uma travessa colocada no alto de um Imbuzeiro. O bando vinha diariamente em busca desses provimentos e dos frutos da Embaúba que, generosamente, acolhia suas necessidades, assim como na atualidade temos os saguis nessa empreitada. Os bugios, infelizmente, entraram em processo severo de extinção nesses cantos, devido à febre amarela que teve como um dos principais epicentros de sua ocorrência a Serra da Cantareira.

Hoje não temos mais a presença dos bugios em nosso canto, mas o olhar dessa mãe ao resgatar seu filhote em minhas mãos é algo que ficará como um toque indelével em minha alma e que me marcou por toda a eternidade. Fez com que eu compreendesse o sentimento de gratidão de modo único e com peculiaridade que certamente me fez um ser humano um bocadinho melhor do que anteriormente a esse episódio.

Outro aspecto bastante interessante nessa vivência junto aos bugios era observar que, diante da diminuição do grupo, o desparecimento que deduzíamos ter ocorrido em razão de morte desses membros, era perceptível os sinais de sofrimentos exibidos pelas fêmeas mais velhas, que poderíamos definir como mães e avós dos membros desse grupo. O grupo vinha em busca da comida, mas, principalmente, essas fêmeas não exibiam a algazarra festiva de outros momentos; seus olhos e seus grunhidos eram silenciosos, algo que me fazia constatar se tratar de sinais exteriores de tristeza. Era necessária a passagem de semanas para que a algazarra anterior voltasse a imperar no grupo diante da comida. E todas as vezes que vejo alguma notícia dizendo de que algum experimento feito com macacos, seja para avaliação de medicamentos, vacinas, alimentos etc., a constatação inicial é que se trata de cientistas que realizam experimentos sem considerar que esses seres possuem emoção vibrando em suas almas. Aliás, talvez esses cientistas sequer os considerem como possuidores de vida psíquica, e nem mesmo como possuidores de direitos de uma vida digna. Ao contrário, certamente teríamos uma condição de mais respeito para a preservação da vida animal. Resquício maior das contradições, nossa sociedade judaico-cristã em que tudo que é feito em benefício do homem se justifica, pois esse é o ser feito à imagem e semelhança daquilo que é preconizado como Deus. Isso baliza toda a arbitrariedade e violência cometida contra os outros seres da natureza, desde que em benefício do homem, afinal, nunca é demais repetir, perpetua-se a idiotia de que ele é o ser feito a imagem e semelhança de Deus.

Os animais na mata em sua busca de vida e possibilidades de entrelaçamento nos mostram harmonia dificilmente encontrada na condição humana. Cenas que nos apresentam que somos meros caminheiros em busca de compreensão dos fenômenos de nosso entorno. E a certeza de que não dominamos o conjunto de nossos sentimentos e emoções, tanto no plano racional como na vivência emocional, é indício da necessidade de singeleza para atingir parâmetros significativos na evolução de nossa humanidade.

E algo que observo desde muito tempo é que, por mais paradoxal que possa parecer, o contato com os animais da mata, e com os domésticos, de modo geral, tornam-nos mais sensíveis em nossa humanidade. Ou seja, os animais que não têm a centelha da alma humana, considerada mais evoluída por muitos, têm o poder de nos tornar mais sensíveis em nossa condição humana. Algo bastante difícil de ser compreendido e alcançado pela razão tosca e disforme do próprio sentido desses mistérios que nos entrelaçam pela vida é dizer que os animais, tidos como irracionais, e mesmo desprovidos de sentimentos, tal qual afirmam alguns estudiosos das escrituras sagradas, são capazes, muitas vezes, de nos ungir com uma sensibilidade que por si nossa condição humana não atingisse.

Saguis

Os saguis também vivem em bandos. Eles fazem seus ninhos próximos aos locais onde obtêm seus provimentos. No caso dos saguis que circundam nosso canto, o ninho é numa Paineira enforquilhada no fundo do nosso espaço. Aliás, um dos espetáculos mais sublimes que tive a dádiva de assistir na vida foi justamente aos filhotes quando estão começando a dar os primeiros passos, deslocando-se pelas galhas da Paineira. Um espetáculo simplesmente indescritível tal a graciosidade que emana desse ato. A mãe acompanha o filhote pela galha provendo a proteção necessária diante de algum incidente que possa acometê-lo. Eles, normalmente, comem vegetais, flores, sementes, raízes, folhas e frutas. Os saguis do nosso espaço, desde muito tempo, foram acostumados com as bananas que ofertamos três vezes ao dia. E essa rotina se tornou sua principal refeição, e fez com que eles tivessem em nossas bananas o principal subsídio para sua sustentação. E assim, várias gerações estão crescendo e se desenvolvendo em nossa mata tendo nossas bananas como refeição principal. Já fui criticado por essa inversão e ouvi que se as bananas faltarem eles não terão habilidade para buscar outros alimentos pela mata. Decididamente, discordo disso, afinal eles têm muito prazer nas bananas, o que não significa que não buscariam outros alimentos caso essas faltassem. Enfim...

Diariamente, vivo um ritual muito prazeroso quando desço para o quintal para colocar as bananas cortadinhas na travessa colocada em meio as folhagens de um Pau Ferro e um Jacarandá Paulista. Quando eles me veem surgir pelas escadas saem em grande velocidade da Paineira onde fazem seus ninhos e transitam de forma magnífica por entre as galhas das árvores da mata. Eles chegam e comem felizes as bananinhas colocadas na travessa e em minhas mãos. Quando eu viajo, sempre oriento o meu caseiro para que esse ritual não seja interrompido na minha ausência. E assim, passam-se os dias, semanas, meses e anos, e sempre acompanhando o surgimento de novas fêmeas grávidas, e posteriormente os filhotes que serão incorporados ao bando.

Esse bando tem, no momento, nove elementos, mas em outros momentos eles chegaram a ter doze. Algo que aprendi durante esses anos foi captar seus olhares, e ainda a maneira como eles se mobilizam diante das bananinhas. Fazem uma algazarra com seus grunhidos e ao pegarem os pedacinhos de banana se movimentam pelas galhas em busca de posições mais altas para comerem sem qualquer importuno. Em razão dos nossos cães sempre estarem em meu entorno nesses momentos a busca por lugares mais altos é indício de proteção diante desses outros animais.

E nessa troca de olhares diários, eu aprendi a codificar situações em que algo não está em harmonia no bando. Quando isso acontece, a primeira coisa que faço é contá-los, e, na maioria das vezes, o que constato é sempre a falta de algum membro, e o que me ocorre nessas situações é que essa estranheza deriva dessa ausência. Não tenho precisão do que possa ter acontecido, da razão daquela ausência, mas o que sempre me ocorre é que tenha sido vítima de predação ou que tenha se apartado do grupo, mas essa hipótese é mais rara, pois esses seres vivem em bandos e dificilmente se distanciam de seus grupos originais. Defino essa estranheza nos olhares como uma maneira de mostrar sofrimento, e derivo a partir da minha apreensão intuitiva se tratar de algo que está provocando sentimentos de perda, e mesmo abandono. Talvez seja inferência de minha parte, ou ainda, alguma forma de locupletar teorias psíquicas nos macaquinhos. Não sei, apenas constato que essa convivência me deu parâmetros para perceber quando algo ocorreu com o bando, e mesmo da ausência de algum de seus membros.

Houve ocasiões em que o bando estava reduzido de alguns membros, e nos dias seguintes eles estavam de volta. Mas nessas ocasiões, diante da ausência desses membros, não havia esses olhares repletos de estranheza, era como se soubessem que a ausência era temporária. Algo bem diferente quando a ausência é definitiva e tem aspectos contundentes de dor presentes nos membros do grupo. Minha observação é genuína e desprovida de qualquer apriorístico científico que se queira arrolar, nem mesmo de consultas aos instrumentos disponíveis na internet. São observações frutos de uma vivência intensa com esses animais e de uma interação extremamente prazerosa. Ao contrário, consultas virtuais nas ferramentas disponíveis da internet vão nos mostrar os saguis e outras espécies de macacos submetidas a experimentos científicos para se avaliar o efeito de antidepressivos e outras drogas em seus organismos. Daí, então, teremos toda sorte de ponderação sobre a natureza das drogas e os efeitos causados em seus organismos. Meticulosas observações sobre suas reações, e mesmo dos efeitos colaterais dessas drogas, inclusive, do que morreram durante os experimentos. Ah, mas isso tudo se justifica, afinal esses experimentos são feitos para que os remédios sejam balizados adequadamente para uso humano. E como o homem é o ser feito à imagem e semelhança de Deus na tradição judaico-cristã, como dissemos anteriormente exaustivamente, tudo o mais se justifica. Afinal, as vidas desses macaquinhos não importam diante da necessidade soberana de se verificar a validade de determinados experimentos que em última instância servem para o benefício humano.

A depressão dos saguis observada nos bandos que circulam na mata não pode ser avaliada pelo efeito de determinados medicamentos em seus organismos, tal como ocorre nos laboratórios científicos. Ao contrário, na mata são seres livres com sentimentos próprios e toda profusão emocional emanada da liberdade de suas ações. Para os cientistas, entretanto, são apenas seres que se prestam a experimentos para a validação da conquista humana em seu desenvolvimento científico.

Na realidade, somos apenas um bando de sonhadores que acredita possível propagar a dignidade da vida animal em uma sociedade judaico-cristã, em que não existe limite para nada, desde que seja feito em benefício humano. E com o agravante de que os humanos, muitas vezes, não respeitam nem mesmo a própria espécie impondo todo o tipo de sofrimento aos semelhantes pelos interesses mais escusos possíveis. Assim, seria ingenuidade esperar respeito por outras espécies.

Depressão dos animais na mata, e mais uma folha escrita que será lançada ao vento juntamente com outros escritos que sonhavam momentos mais plenos e verdadeiramente humanos. Ilusão de quem sonha com a construção de uma sociedade mais digna, justa e fraterna. E verdadeiramente com a fé inquebrantável de que a nossa luta não pode esmorecer, afinal as coisas precisam se justapor para harmonia entre os humanos e outras espécies animais.

Depressão nos animais, e mais uma verve que sonhamos real e que está ganhando forma ao ser efetivada como capítulo de livro sobre a temática. Mais um instrumento de luta na preservação da dignidade da vida animal. Um bocadinho do que sonhamos e que vai se configurando realidade nesse dimensionamento que criamos sobre depressão. Ousadia para justapor tais conceitos de depressão aos conceitos tradicionais, e mais ousadia para refletir sobre a depressão animal, principalmente os seres que vivem nas matas e que, muitas vezes, são arrebatados de seus *habitats* para serem transformados em experimentos laboratoriais.

Cito para encerramento desse capítulo uma das mais lindas elegias sobre a condição animal, cântico composto por Leonardo Da Vinci: "*Chegará o tempo em que o homem conhecerá o íntimo de um animal, e nesse dia todo crime contra um animal será um crime contra a humanidade.*"

Depressão, e a vida pedindo mais vida...

Depressão. Simplesmente depressão...

CAPÍTULO XII

Depressão e cultura

Uma palavra transforma o coração
e o leva a novos sentimentos de ardor.

SABEDORIA CIGANA

Diante de uma Pandemia

Quando estruturei os capítulos dessa obra, esse envolvendo questões da cultura e seu enfeixamento com a depressão, tinha como intento uma reflexão que envolvesse a maneira como esses aspectos se tornam presentes em nossas vidas, e como se entrelaçam com a depressão. E num repente sem que alguém pudesse prever ou imaginar esse cenário, mesmo nos delírios mais estonteantes, surge uma pandemia e nos coloca em uma situação indefinível de rearranjo das relações interpessoais.

E do sofrimento que o distanciamento social está provocando nas pessoas. E a quase totalidade, os países ao longo do mundo se fecharam e se isolaram dos demais, lutando contra um inimigo invisível que destrói impiedosamente não apenas organismos debilitados com quadros difusos em que se destaca principalmente insuficiência respiratória, mas também criando condições emocionais que vão desde pânicos diante do insólito como a quadros severos de depressão. E a fragilidade da própria vida, então, se vê exposta a situações em que a compreensão não consegue alcançar em seus detalhamentos mais pormenorizados. As mortes que se somam a quadros de irreversibilidade de sofrimento emocional, também de sequelas orgânicas daqueles que foram acometidos pelo Covid 19, tornam a vida inserida em quadros de desespero e dor inomináveis.

Em Angerami (2013), citamos que a Medicina, apesar de toda sua evolução por meio dos modernos aparelhos que permitem exames e mesmo cirurgias com recursos de vídeos e laser, nada consegue diante de doenças que se apresentam tendo o vírus em seu constitutivo. O que a Medicina conseguiu, e naturalmente é algo fantástico, foi a criação de vacinas em que o vírus é injetado no organismo de uma determinada pessoa para que essa diante de nova presença desse vírus reaja através de memória imunológica e se defenda de sua ação. Mas quando, efetivamente, alguém apresenta quadro de doenças que a infecção deriva de vírus, seja HIV, paralisia infantil, HPV, Hepatite C, dentre outras, nada resta a ser feito se não um tratamento que apenas alivie o sofrimento provocado pelas doenças associadas a esses vírus. E aqui podemos inclusive citar a gripe, que embora com vacina própria, ainda assim, não apresenta eficácia justamente em razão da transformação do vírus que a provoca.

A pandemia que nos assola impiedosamente, e que indistintamente envolveu a totalidade do planeta, lançou-nos a situações de sofrimentos psíquicos sequer concebíveis até a mais aguçados pesquisadores da condição humana. Não teríamos nem mesmo como prever que assistiríamos à paralisia quase que geral das atividades humanas, incluindo aí a quase totalidade dos segmentos que se pode conceber. Apenas os profissionais da saúde não tiveram trégua em sua luta no enfrentamento dessa pandemia que através do Covid 19 lançou inúmeras vidas ao sofrimento e à morte. Depressão e angústia passaram a fazer parte de inúmeras pessoas, tanto pela total falta de perspectiva das projeções futuras, como até mesmo pela inerência de ser acometido pela pandemia.

E o que assistimos com a evolução dos quadros de abrangência do Covid 19 é algo que já se tornou inerente a outras tantas doenças e epidemias, ou seja, novamente suas vítimas são a população mais pobre e desassistida da sociedade. Justamente aquela população que já é privada de moradia digna, condições de saneamento básico, educação e quesitos mínimos de saúde. Impiedosamente, assim como outras tantas doenças, as medidas preventivas ao Covid 19 não puderam ser implementadas para essa população pela falta de condições mínimas necessárias. E, mais uma vez, assistimos a mais uma doença avançando sobre pessoas que estão totalmente desassistidas de que tudo que implica uma vida digna e com as condições mínimas para a própria sobrevivência. E num repente, passamos a assistir a quadros de sofrimento psíquico como sequer poderíamos conceber como possível.

A desesperança tomou conta dos corações de tal maneira que a iminência da morte ficou em plano principal em razão das conjunções que se apresentaram nesse novo cenário. Especialistas em saúde mental, economia, direito, gastronomia e mais um sem número de outros profissionais se apressaram a tecer comentários sobre a vida pós-pandemia. E isso em cenário em que não se sabia nem mesmo quando essa tortura terminaria e nem tampouco quais seriam as próximas configurações dessa pandemia. Mais do que um mero exercício de futurologia, tínhamos, então, prognósticos calcados muito mais no desejo de que essa situação se modificasse e trouxesse alívio a tanto sofrimento, do que algo sedimentado em projeções reais e atingíveis pela estruturação de hipóteses plausíveis para a consciência. Falava-se em volta à normalidade sem qualquer presunção mínima do que seria esse novo normal que estaria à espera de todos após a passagem dessa pandemia.

E decididamente, tão logo as atividades foram sendo retomadas, o que se assistiu foi a algo de total insanidade, impossível sequer de ser balizada.

Aglomerações, a falta de cuidados básicos e o abandono total a qualquer prescrição de cuidados elementares básicos. E a questão envolvendo depressão social ganhou contornos que não se poderia conceber nem nas mais delirantes pontuações teóricas. Não apenas seria impossível alguém prever minimamente, e com apenas semanas ou meses de antecedência a gravidade e severidade dessa pandemia, como também os efeitos sobre parcelas significativas da população.

Se em alguns momentos a depressão tida como social atingiu determinadas populações em razão de alguma catástrofe ambiental, ou mesmo de conflitos bélicos, ou mesmo tragédias localizadas como desmoronamentos, quedas de aeronaves, quedas de prédios etc., diante da pandemia o que se assistiu foi a algo inusitado. Com o agravante que a pandemia se somou a outras situações de desestruturação social, sendo algo que cindiu de cores ainda mais dramáticas países e sociedades que já tinham suas mazelas de outras conturbações sociais. Assim, como mera citação, países da América Latina e África, que já sofriam diferentes situações de depressão em razão da brutal desigualdade social que os acomete, ainda tiveram que enfrentar a luta sem trégua contra a pandemia representada pelo Covid 19.

Dessa maneira, aquilo que se conceituava como depressão social ganhou contornos que não se pode precisar sem risco de erro conceitual, ou mesmo epistemológico. Então, países, como o Brasil, em que grande parte da população sequer possui condições de saneamento básico satisfatório, viram-se, de modo totalmente inesperado, envoltos em questões pandêmicas para as quais não havia nenhum planejamento de enfrentamento, e nem mesmo qualquer previsibilidade de tal ocorrência. Se na realidade a totalidade dos países se viu envolto nessa luta árdua e sofrida sem qualquer preparação apriorística, os países que já apresentavam situações crônicas de desigualdades sociais e mesmo de precariedade de serviços de atendimentos básicos de saúde, viram-se em situação de total colapso no atendimento básico a essa população tão combalida por tanto desatinos.

Depressão. Simplesmente depressão...

Diante da Desigualdade Social

Ao falar em depressão social provocada pela desigualdade social, temos, de início, situações em que pessoas se deprimem ao se conscientizarem do sofrimento daqueles que foram eliminados pelas condições impostas pela crueldade do capitalismo selvagem que nos açoita impiedosamente. Pessoas que são alijadas de todas as formas de dignidade simplesmente por não conseguirem atingir patamares mínimos de condição de vida nesse sistema tão excludente. O que assistimos com intensidade cada vez maior são pessoas que se sentem aniquiladas de todo o processo imposto pelo capitalismo, e isso implica em depressão, autoestima totalmente aniquilada, ideação suicida e tantos sofrimentos psíquicos impostos pelas condições de excludência do capitalismo.

Nos países capitalistas se funde a ideia da meritocracia, princípio passado como ideologia de que os mais qualificados sempre obtêm êxitos em suas atividades e empreitas. Isso significa dizer que as pessoas que perdem seus postos de trabalho ou sofrem reveses em suas atividades empreendedoras, ou simplesmente não conseguem acesso ao mercado profissional nas áreas para as quais se formaram academicamente, sejam consideradas fracassados, como algo que deriva de uma condição pessoal, e jamais consequência de algo opressor advindo das contradições sociais impingidas pelo capitalismo.

Em Angerami (2017), mostramos as consequências do neoliberalismo no processo de excludência social e o tanto de pessoas que são lançadas às ruas em razão de não conseguirem uma vida digna na inserção tanto nos moldes de estruturação das sociedades, como também nos mercados de trabalho formal e sistematizados dentro desse modelo econômico. A depressão, decorrente dessas contradições sociais, ceifa vidas indefesas e as lança impiedosamente para os mais diferentes desatinos dentre os quais a falta de condições para uma vida que contemple o mínimo necessário para a própria sobrevivência.

A depressão e os mais diferentes tipos de autodestruição estão imbricados com as contradições impostas pelo capitalismo. E esse enfeixamento é praticamente indissolúvel diante das imposições de um modelo econômico que simplesmente não considera os anseios pessoais em seu bojo.

De outra parte, diante da desigualdade social, iremos ter também muitas pessoas que entrarão em processo de depressão por não conseguirem suportar o sofrimento daquelas pessoas atiradas às raias da excludência em seus quadros crônicos de miserabilidade social e econômica. O sentimento de impotência provocado pela brutal desigualdade social que se espraia pelo mundo, principalmente nos países subdesenvolvidos como o Brasil, é algo totalmente insano na medida em que as ações de enfrentamento a essa calamidade humana são na quase totalidade das vezes apenas paliativas.

A efetivação dessas ações sempre esbarra na estrutura capitalista que ceifa vidas no processo de exclusão presente em suas formas de ação. De modo simplista, é nesse molde de capitalismo neoliberal que se justifica a plena exclusão de todos os que não conseguem alçar os seus mecanismos de ação. Modelo que perpetua a desigualdade social fazendo com que as coisas se perpetuem no interesse pleno da classe dominante. Sartre, em sua magistral obra *Crítica da Razão Dialética* (Sartre, 1986), coloca que o processo de escassez existente em nossa sociedade capitalista precisa ser perpetuado para que falte ao outro a condição de uma vida digna e, dessa maneira ele possa se submeter a condições degradantes de trabalho em busca da subsistência mínima. Tivesse assegurado detalhamentos para uma vida plena, sem a crueldade da escassez que lhe é imposta, e a grande totalidade dos subempregos não seria viabilizado. É dizer que é imposto uma situação de escassez para a grande maioria da população de um determinado país para que sua força de trabalho seja canalizada de forma precária, única e exclusivamente em busca pura e simplesmente de sobrevivência. E nesse processo de escassez inclui-se também a falta de uma educação plena que traria a consciência de que outra forma de vida seria possível, ou ainda que essa brutal excludência social não é algo para ser considerado dentro dos parâmetros de normalidade como assistimos na atualidade. Escassez a determinar uma luta hercúlea pela própria sobrevivência sem direito a mais nada que não seja essa condição humilhante a cercear a dignidade em seu próprio nascedouro.

Horas e mais horas em transporte público com capacidade de superlotação além do limite plausível, comidas sem a condição calórica e vitamínica necessárias, além da precariedade de condições sanitárias e de saúde adequadas. A constatação da amplitude dessa desigualdade e o tanto de pessoas atiradas às raias do total abandono social, certamente, levam muitas pessoas que se aproximam desse fenômeno a processos severos de depressão. Depressão não apenas pela impotência de se efetivar ações plenamente transformadoras, mas também por constatar que a condição humana é deteriorada pelo próprio semelhante. E isso é algo que penetra e transpassa a alma de muitas pessoas que se veem estilhaçadas diante do desespero e desesperança trazidos por tais situações.

Vidas que se esmaecem diante dos olhares atônitos daqueles que de alguma forma observam e sofrem diante dessa situação tão degradante e desumana. E de outra parte temos ainda, que muitas pessoas sequer observam o tanto de outras tantas pessoas lançadas a viver em situação de rua sem qualquer proteção social. São seres invisíveis que se amontoam nas calçadas e de quem a maioria sequer observa a presença. Passam por eles e nem mesmo conseguem ver a vida que transborda nessas quinas de ruas onde se abrigam em busca de alguma forma de proteção. E a depressão que assola determinadas pessoas diante desse quadro tão perverso nada mais é do que sofrimento que abarca a condição humana em seu estado mais depurado e frágil.

Desigualdade social que estabelece parâmetros de vida e mesmo determinantes de ação como tentativa de contraponto a situações tão dramáticas e desesperadoras. Mas não se pode perder de vista que a desigualdade social em seu processo de excludência lança tantas pessoas às raias do desespero também serve de mantenedora para diversas entidades sociais. Assim, as instituições religiosas, principalmente as cristãs que têm a quase totalidade de sua estruturação filosófica vinculada na figura do pobre e do combalido, mas também as religiões de outros matizes, não teriam razão de existir não fosse a figura do pobre para ser acolhido e protegido em suas incursões caritativas. É o pobre que justifica suas ações de recolhimento de donativos, ações pastorais e um tanto de números de empreitas que perderiam o sentido sem a figura do pobre, do excluído e do humilhado pelo sistema capitalista. Mas não apenas as instituições religiosas têm na figura do pobre o elemento imprescindível para suas ações.

Uma quantidade inominável de ONGs, organizações não governamentais, que apresentam as mais diversas atividades e quase sempre voltadas para a figura do pobre, do marginalizado e excluído do sistema de produção capitalista. Assim, vamos encontrar Ongs, que trabalham com lixo reciclável com materiais recolhidos pelas pessoas em situação de rua; outras que recolhem roupas usadas e as recriam para serem doadas a pessoas carentes nas comunidades periféricas; outras recolhem donativos para fazerem refeições para serem doadas nas comunidades e para pessoas em situação de rua. Tantas ações voltadas para a figura do pobre que seria impossível arrolar em um capítulo de livro. E a maioria acolhe a figura do pobre sem qualquer reflexão crítica sobre a estrutura caótica do capitalismo e que lança tais pessoas às raias da desesperança e do desespero.

A depressão surge principalmente diante da reflexão crítica sobre o enfeixamento da operacionalidade de sua estruturação e da excludência como processo natural que lança tantas pessoas para a margem da própria sobrevivência. Dessa maneira, tanto as instituições religiosas como essas Ongs, embora tenham no pobre sua razão de ser, na grande maioria das vezes, sequer questionam a razão de tanta desigualdade social, e nem mesmo possíveis ações para transformação dessa amalgama tão cruel do capitalismo a ceifar tantas vidas impiedosamente. E na realidade, muitas vezes, suas ações de acolhimento ao pobre e combalido nada mais são do que uma maneira de acalmar esses desvalidos para que não se revoltem contra as estruturas sociais que impiedosamente estão a ceifar suas vidas. No caso de algumas instituições religiosas, ainda temos o agravante da propagação dos chamados ensinamentos sagrados que, muitas vezes, situam a pobreza como sendo algo de provação divina ou de superação da própria alma rumo a novos patamares espirituais e dificilmente como consequência da brutal excludência social provocada pelo capitalismo.

O cristianismo, como principal segmento religioso ocidental, ostenta a figura do Cristo como sendo alguém que nasceu em situação de extrema pobreza em uma manjedoura. Em seus ensinamentos sempre temos a preconização do desapego material e a veneração à figura do pobre e do excluído como sendo a própria face de Deus materializado. Não haveria cristianismo sem a exaltação caritativa à figura do pobre; não poderia haver tantas empreitadas em defesa do pobre se em suas principais pilastras teológicas ele não fosse tão venerado e sacralizado pelo Cristo. E se considerarmos ainda que a grande maioria dos santos consagrados pela Igreja Católica apresenta opção pela pobreza e pelo cuidado aos pobres teremos, então, que em suas diversas facetas o cristianismo é uma grande apologia ao pobre.

Nessas circunstâncias a depressão surge da consciência crítica diante da desigualdade social e seus tentáculos, da dificuldade de aceitação de mazelas tão dolorosas diante da indiferença da grande maioria das pessoas. É dizer que o sofrimento humano transpassa a realidade perceptiva para torna-se algo que só aparece aos olhos diante de alguma anomalia, como a morte de pessoas em situação de rua diante do frio da madrugada, ou ainda, quando uma pessoa em situação de rua é impiedosamente queimada com fogo ateado sobre seu corpo e vestes. É fato que ao centrarmos nossa criticidade às pessoas em situação de rua não estamos deixando de lado pessoas que igualmente foram excluídas pelo capitalismo de uma vida digna, mas que, embora não estejam em situação de rua, vivem em comunidades, nome delicado e atualizado às antigas denominações de favelas. Barracos muitas vezes erigidos nas encostas de morro e passíveis de desmoronamento diante de chuvas fortes sazonais, sem qualquer dimensão de saneamento básico ou de outro quesito que possa torná-los digno de serem chamados de moradia. Pessoas amontoadas em ambientes muito pequenos e que mal podem acomodar tantas pessoas em total situação de desconforto e falta total de detalhes mínimos de higiene e cuidados básicos.

A população dessas comunidades atinge cada vez mais dados críticos de sobrevivência fazendo com que sua condição demográfica supere muitos bairros com a infraestrutura necessária para uma vida digna e condizente. Temos comunidades em São Paulo e no Rio de Janeiro, consideradas as maiores favelas do mundo, e que possuem mais habitantes que muitas cidades médias do país. E qualquer cidade pareada com essa intensidade demográfica, por outro lado, possui infraestruturas inerentes a sua condição, com aparelhos tais como pronto-socorro médico, escolas, coleta de lixo e todos os serviços pertinentes ao funcionamento mínimo de uma coletividade reunida em torno de uma cidade. E isso é algo totalmente impensável em uma comunidade em que pese, como foi dito anteriormente, ter uma população maior que essas cidades. Se considerarmos que muitas dessas comunidades apresentam total abandono do poder público em seus quesitos mais básicos e prementes como saúde, educação e segurança temos, então, um quadro de exclusão social simplesmente desesperador de tão cruel e desumano, ou ainda, nas colocações de Thiago Souza Reis por meio de discussão sobre a temática:

> Uma das constatações sobre a desigualdade é o próprio meio em que as pessoas estão, digo de aspecto geográfico; estudos apontam que pessoas que moram na periferia (comunidade) e se deparam com córregos a céu aberto, lixo e ratos entre vielas, provoca sofrimento no indivíduo pela própria condição e reforça o sentimento de marginalização, esse meio está ligado ao belo na Estética filosófica e abordada por Kant (Kant, 2008) em seu livro *Crítica da faculdade do juízo*, muito abordada pelo Urbanismo, em que o meio onde estão inseridos afeta significativamente o indivíduo ali presente. Esse processo com o decorrer do tempo leva ao adoecimento. (Depoimento extraído em grupo de estud0s)

Depressão diante da simples constatação de que esse sofrimento, embora tão cruel e desesperador, poderia ter sido ceifado do seio social desde muito tempo e, para isso, bastaria apenas um pouco de compaixão para com aqueles que sofrem de maneira tão intensa pelas mais diferentes mazelas.

Depressão diante do quadro desolador de tantas pessoas excluídas brutalmente da vida em sociedade apenas, e tão somente, pela busca irascível de lucros insaciáveis.

Depressão ao constatar que a condição humana perece de modo irreversível diante de cada família que se encontra em situação de rua por terem perdido sua renda e condição de uma vida digna.

Depressão ao nos conscientizarmos de que as pessoas em situação de rua são consideradas párias a serem extirpadas a qualquer preço, e não um conjunto de pessoas que foram brutalmente excluídas da convivência do seio social.

Depressão. Depressão, e um sentimento cada vez mais difícil de ser contemporizado diante de tanto sofrimento.

Depressão. E o amargor de saber que esse sofrimento deriva da dor diante do sofrimento vivido por tantas pessoas em tantos diferentes cantos. Simples assim, sofrimento gerando mais e mais sofrimento...

Depressão. E a vida sendo soterrada diante de desatinos e situações absurdas para serem suportadas.

Depressão, apenas depressão diante do inconformismo da imutabilidade desse quadro, na verdade irreversível apenas, e tão somente, devido à crueza humana diante do semelhante.

Depressão como alívio ao enfrentamento de situações tão desesperadoras. Depressão, sentimento que conforta a alma e se torna lenitivo para trazer alívio tão humanamente absurdo. Antidepressivos podem aliviar os efeitos químicos e orgânicos da depressão, mas jamais terão algum efeito, o mínimo que seja, diante do sofrimento psíquico instaurado da constatação da miserabilidade humana provocada pela ganância de alguns que não se importam com o sofrimento do outro para atingir seus objetivos de vida.

A medicação antidepressiva, instrumento de consumismo imposto pela indústria medicamentosa, pode obnubilar a consciência por momentos, e até mesmo semanas, mas, ainda assim, seus efeitos não possuem a eficácia para trazer alívio ao sofrimento advindo da consciência que se estabelece diante da criticidade da desigualdade social que ceifa tantas vidas em tantos diferentes cantos.

Depressão. Simplesmente depressão...

Diante do Consumismo

Vivemos em uma sociedade em que o consumismo impõe necessidades que a maioria das pessoas não possui condições de assimilar. Assim, desde a mais tenra idade, somos avassalados por diversas imposições de consumo que vão desde guloseimas infantis, tênis, carros, roupas etc., ou seja, recebemos apelos que atingem nossa subjetivação para hábitos sempre atrelados à troca constante desses itens. Somos abarcados por estratégias de marketing de tal modo estruturadas que a ideia de felicidade é, em sua quase totalidade, associada à aquisição de bens materiais sempre perecíveis para que sejam substituídos continuamente. E, consequentemente, temos uma quantidade muito grande de pessoas que, ao não conseguirem responder a esses apelos, sofrem intensamente em termos emocionais.

Estamos conceituando consumismo como sendo um estilo de vida orientado por uma crescente propensão ao consumo de bens ou serviços, em geral, supérfluos, em razão do seu significado simbólico, frequentemente atribuído pelos meios de comunicação social. E, na medida em que atribuímos significado simbólico, estamos trabalhando com sinais exteriores fixos, sinais que determinam significado além do próprio objeto em si. Como exemplo dessas citações, podemos citar um veículo automotivo de muita potência e formas arrojadas. Ele significa mais do que um veículo de locomoção possante que irá representar poder financeiro e pessoal a quem o adquire. É algo de um simbolismo que transcende o veículo em si. Adquiri-lo é mostrar sua condição social, tanto em termos financeiros como pessoais. Na medida em que muitas pessoas não possuem condições financeiras para terem esse objeto tão crivado desse simbolismo, o que temos é uma quantidade muito grande de pessoas que se embrenham em financiamentos bancários para a aquisição desse bem tão precioso e, muitas vezes, não conseguem arcar com esse financiamento. Inclusive, em muitos casos, perdem o veículo para a entidade financeira que proveu o financiamento para essa aquisição.

Outras tantas pessoas, por outro lado, igualmente atingidas pelo marketing do consumismo desse veículo, resistem arduamente e não trazem para si um financiamento impagável. O que não significa dizer que não sofrerá diante da possibilidade de não conseguir exibir esse objeto de simbolismo tão forte e significativo na lógica capitalista. O sofrimento psíquico é sequencial e algo pertinente a esse tipo de frustração, pois não se trata de conflitos emocionais derivados de situações circunstanciais da própria existência, e sim de algo que é imposto pelo consumismo por meio de seus tentáculos de marketing.

Citamos o veículo automotivo como exemplo dessas afirmações, mas igualmente nesse rol podemos inserir tênis, agasalhos, aparelhos celulares, perfumes e inúmeros outros objetos que valerão muito mais pelas grifes exibidas do que propriamente por sua qualidade. O sofrimento de tantos adolescentes diante da imposição de marcas de tênis, aparelhos celulares e tantos outros apetrechos que fazem parte de sua cotidianidade é algo observável por tantos que minimamente convivem ou presenciam detalhamentos das vidas desses jovens sonhadores. O tênis importado adquire o simbolismo de ascensão social, da mesma maneira que o celular de última geração contém não apenas o que existe de mais avançado em termos de tecnologia, mas principalmente o determinante de mostrar um diferencial em termos de *status quo*. É como se as pessoas se tornassem reféns de propagandas miraculosas que associam determinados objetos à própria potência da vida, a algo que transcende a própria existência. Assim, um carro de última geração, um tênis de marca importada, um celular com todo o avanço da mais moderna tecnologia trazem em si componentes de sucesso pessoal e profissional impossível sequer de ser balizado em qualquer forma de análise conceitual.

O mais dramático, entretanto, é constatar que essa imposição de consumismo possa levar tantas pessoas a situações de sofrimentos psíquicos indefiníveis. É algo difícil de aceitar mesmo em termos de conjunturas teóricas que tentam enquadrar tais sofrimentos a partir do simples fato de que tudo isso deriva de algo originado da imposição de conseguir obter determinados objetos impostos pelas mais perversas lógicas do capitalismo, o consumismo desenfreado e sem qualquer escrúpulo em relação à dignidade humana. Talvez a racionalidade dessa reflexão teórica e filosófica não encontre guarida nos meandros que determinam essa lógica de obtenção de bens materiais para a obtenção da tão almejada felicidade, ainda que, como já mencionado, tal conceituação dista drasticamente de toda e qualquer condição de dignidade humana. Sofrimento psíquico que, muitas vezes, deriva para a depressão, e mesmo, para ideação suicida. Situações que estão a exigir mudanças na configuração social tão desumana, as quais impõe necessidades que superam a própria circunstância humana, e que dista completamente de tudo o que preconize como respeito à condição humana.

Entretanto, e por mais dolorosa que essa constatação possa ser, temos o aprimoramento contínuo dos instrumentos de marketing a impor com volúpia cada vez maior, determinantes de necessidades a partir de objetos inalcançáveis em termos econômicos para grande parte da população economicamente ativa, mas que teria em seu bojo o condão de levar tais pessoas à tão almejada felicidade. Assim, o ideal de felicidade seria uma pessoa usar tênis importado, camisa de grife, celular de última geração com os últimos e mais avançados recursos e também ter um carro portentoso com todos os equipamentos necessários para mostrar a potência social e econômica de seu usuário. Nesses parâmetros, a felicidade seria algo facilmente acessível a quem tivesse condições financeiras diferenciadas e pudesse adquirir esses bens sem qualquer dificuldade.

Talvez seja por essa mesma lógica o estranhamento diante de tantas pessoas de grande poder aquisitivo e que exibem quadros depressivos e mesmo ideação e intento suicida. É como se a lógica da felicidade fundamentada na aquisição de bens materiais ficasse totalmente disforme, afinal, se trata de pessoas que possuem tudo que o dinheiro pode comprar, e consequentemente, podem adquirir os bens materiais necessários para ter a tão almejada felicidade.

Nesse sentido, é significativo constatar que os casos de suicídio são totalmente desprezados pela grande imprensa, não merecendo qualquer referência diante da dramaticidade de seus números. No entanto, quando alguém notório em termos sociais é acometido de processo intenso de depressão, ou mesmo de suicídio, a mídia disponibiliza espaços generosos para mostrar a dramaticidade desse personagem. E o contraponto inevitável para a maioria das pessoas é que a grande absurdidade desse sofrimento deriva justamente de se tratar de alguém que possui todas as benesses materiais que permitem o acesso a tal felicidade, e ainda assim, essa pessoa exibe sofrimentos psíquicos incombatíveis com a situação. A velha máxima de que o dinheiro compra tudo, até mesmo alívio para as mazelas que acometem a maioria das pessoas se faz presente. O dinheiro, capaz de comprar a tal felicidade, no entanto, não consegue trazer alívio psíquico aos conflitos provocados pela instabilidade emocional provocada por conflitos humanos e que não tem qualquer nexo com a tal inacessibilidade a bens materiais. Têm-se os bens materiais, e ainda assim, existe o sofrimento psíquico derivado da própria condição humana e de seus derivativos.

Somos reféns, em todas as circunstâncias, dessas imposições determinadas pelo consumismo em maior ou menor grau de abrangência, pois, mesmo aqueles que não são reféns de marcas de tênis, modelos de automóveis, celulares etc., podem argumentar da necessidade da troca contínua de *notebooks*, por exemplo, ou ainda, da adoção de dietas nutricionais naturais, algo que também está sendo imposto, de maneira muito bem estruturada, pelos mais diferentes instrumentos de marketing. É dizer que podemos nos livrar da imposição de algumas necessidades de posse de objetos efetivadas pelo marketing, mas estamos igualmente sujeitos a mudanças de hábitos e de comportamento a partir de outras ações propagandísticas. Basta observar, numa mera citação ilustrativa, o aumento do consumo das chamadas cervejas artesanais. Algo praticamente inexistente anos atrás, e a partir de intensa campanha publicitária, tornou-se presente nos hábitos dos apreciadores de cerveja, ou ainda, o hábito de cuidados masculinos com a aparência e vestimentas, movimento que foi denominado metrossexual, uma junção de metropolitano com sexual, tornando natural o uso masculino de cosméticos, roupas da estação, e até mesmo depilação dos pelos das diversas partes do corpo, algo impensável para a questão de masculinidade de décadas atrás.

Esse imbricamento do social em nossas vidas é algo irreversível, o que significa dizer que somos seres sociais no sentido mais amplo e pleno do termo. A questão sempre é tentar pautar nossas vidas com hábitos e aquisições que estejam em harmonia com nossos construtos de vida, e com os ditames que forjam a nossa subjetivação. O que excede a isso é sempre algo imposto para o consumo além de nossas necessidades, e para a satisfação pura e simples dos anseios capitalistas, ou seja, de se consumir tudo que nos é oferecido de todas as maneiras sem qualquer balizamento crítico. Somos sujeitos de uma historicidade, como dissemos anteriormente, imposta pelas condições sociais de nossa inserção. É dizer que sempre estamos sendo inseridos nas mais diferentes condições de hábitos e modos de vida da sociedade na qual vivemos.

Gandhi, em uma de suas mais brilhantes pontuações contra o capitalismo depredatório, coloca "aquilo que tenho em excesso é o que falta ao semelhante" (GANDHI, 1982). Palavras contundentes que agridem pela sua dimensão e profundidade. E na medida em que somos assolapados por intensas campanhas de consumo mais deslavado possível, temos uma sociedade que pode ser definida como sendo sociedade do desperdício e da obtenção de inutilidades. O que podemos tangenciar nisso tudo é o tanto de pessoas que sofrem de modo intenso por não conseguirem obter os bens materiais que são imputados de modo massivo e assertivo pela indústria de marketing.

Produtos dos mais diferentes matizes e que perpassam ao longo das verdadeiras necessidades da grande maioria das pessoas. Algo tão simples para se refletir, e, no entanto, muito difícil para ser assimilado e enfrentado, principalmente diante do modo cada vez mais sensível que as propagandas são direcionadas para o seu público-alvo de consumo.

Não podemos perder de vista que a obtenção de determinados bens ao serem associadas à ideia de felicidade, e isso é o que torna a frustração diante da impossibilidade da aquisição desses bens de consumo algo tão doloroso. Em Angerami (2018), refletimos sobre o conceito de felicidade, filosoficamente definida como a ausência do desprazer. Isso significa dizer de modo simplista que ela não será possível na condição humana, pois sempre estaremos envoltos em alguma forma de desprazer. Podemos ter momentos de alegria plena, mas essa condição de total ausência do desprazer inexiste na vida humana. E, no entanto, estamos desejando felicidades a tanta diferente gente nas mais variadas circunstâncias. Desde o desejo de felicidade a nubentes, passando por feliz natal, feliz aniversário, feliz viagem, e tantas outras citações que seria praticamente impossível arrolar. E verdadeiramente quando se questiona o que está envolto nesse desejo de felicidade, na maioria das vezes, o interlocutor não consegue esclarecer o que está sendo desejado nessa intenção.

A nossa condição de psicoterapeuta faz com que lidemos constantemente com pessoas que são atiradas às raias da do desespero em razão de não terem condições de responder aos apelos de consumismo. Seja por não conseguir dar à família aquilo que é preconizado como o conjunto de bens materiais que poderia levá-la à felicidade, e por mais abstrato e irreal que seja esse conceito, por não perceber os tentáculos consumistas que estão determinando o sofrimento emocional que perpassa a própria alma sem trégua.

A psicoterapia, de outra parte, muitas vezes, se depara com pessoas que estão totalmente estilhaçadas diante desse imbricamento, que traz a ideia de felicidade atrelada à posse e à aquisição de bens materiais. E o sofrimento inerente a essa condição é sempre cáustico e muito contundente. Sequencialmente ao sofrimento derivado dessa imposição, temos toda sorte de desestabilização emocional e as consequentes manifestações orgânicas desse sofrimento, inclusive o surgimento da depressão em muitos casos.

Estamos diante de quadros depressivos que claramente se originam nas condições sociais da qual essa pessoa se encontra inserida na amplitude de sua historicidade. Situações em que o emocional é totalmente forjado a partir das condições sociais, e com o agravante de que essas imposições necessariamente não são condizentes com a condição humana. Sofrimentos que se originam e se fundamentam na materialidade de coisas impostas pelo consumismo desenfreado do capitalismo e que o psiquismo humano não consegue assimilar e pontuar para resoluções satisfatórias.

A depressão surge no constitutivo de perdas e mesmo de nostalgia, na medida em que a pessoa se deprecia com a imposição de condições pejorativas por não conseguir responder a esses apelos consumistas e, dessa maneira, sente-se alguém fracassado diante do processo social, não pela excludência inerente ao capitalismo, e sim por questões trazidas indevidamente ao âmbito pessoal.

E diante desse quadro de consumismo que aniquila e atormenta impiedosamente um número muito grande de pessoas, a psicoterapia precisa ser um processo em constante mudança para acompanhar as alterações que ocorrem no seio social. Pessoas que sofrem diante desse consumismo precisam de um trabalho meticuloso que as leve a uma ressignificação de valores, pois, certamente, isso irá levá-las a outros patamares distantes da necessidade compulsiva da obtenção de bens materiais. No entanto, isso é cada vez mais difícil diante do aprimoramento contínuo e sofisticado da indústria de marketing com seus aparatos envolvendo as diferentes mídias existentes na atualidade. E esse apelo faz com que muitas pessoas, na condição de pais, vejam-se envoltos na necessidade de atender aos apelos de consumismo impostos aos seus filhos, ou seja, a mudança de paradigmas para aquisição de bens materiais priorizando apenas aquilo que é necessário, passa também por uma séria adequação do que seria também imprescindível aos filhos. E na medida em que a criança não possui discernimento para reagir diante do marketing que impõe todo tipo de necessidade, a coisa fica realmente bastante séria e delicada.

Depressão. Simplesmente depressão...

Diante da Realidade Virtual

Estamos diante de um cenário impensável décadas atrás, ao falarmos em realidade virtual. Desde o surgimento das relações interpessoais via internet temos cada vez mais o surgimento de ferramentas e formatações, e se torna impossível prever como será esse relacionamento em um futuro mais próximo. São tantas transformações em períodos tão reduzidos que se torna igualmente impossível uma atualização contínua a esses recursos. Basta refletir que passamos da web câmera dos computadores *notebook* para as chamadas de vídeos feitas pelo celular, aparelho que hoje em dia possui recursos muito mais completos e dinâmicos que muitos computadores tradicionais. Com os modernos aparelhos celulares em suas diferentes configurações, temos um computador nas mãos que acomoda a grande maioria dos recursos necessários para a vida moderna. Dessa maneira, desde aplicativos bancários, de restaurantes, táxis, Uber, *podcasts* para ouvir músicas e programações dos mais diferentes matizes, e o que mais se queira arrolar, tudo na palma da mão, disponível a um simples toque dos dedos.

Essa realidade virtual trouxe uma nova formatação para as relações interpessoais. Pessoas passaram a se unir em grupos mantidos nas diferentes redes sociais, e a comunicação passou a ser quase que estritamente pelas mídias virtuais. Até mesmo o telefone fixo que era o principal instrumento de comunicação apenas algumas décadas atrás perdeu sua importância, tornando-se algo que poucas pessoas possuem na atualidade. Pode-se dizer, quase que sem margem de erro, que a telefonia fixa se tornou apenas usual para empresas e atividades comerciais, pois, em termos residenciais, apenas restou os números e aparelhos existentes desde outras décadas. Na atualidade, a demanda para a aquisição desse serviço é praticamente inexistente em termos residenciais.

Em suas muitas e diferentes especificações, os aparelhos celulares configuram o apetrecho indispensável para grande maioria das pessoas. Eles se tornaram não apenas o instrumento de comunicação interpessoal, mas também o elo com as mais diferentes transações comerciais. E temos assim todo tipo de serviço que sequer possuem espaço físico para atendimento, pois tudo que os envolvem são feitos única e exclusivamente por meio de aplicativos inseridos nos celulares. Dessa maneira, temos bancos, agências de turismo, e tudo mais que necessitar com atendimento *on-line*, e tudo, absolutamente tudo, se resolve com esses aplicativos.

E se a quase totalidade dos serviços passaram a ter suas resoluções no plano virtual, as relações interpessoais também passaram a se estabelecer e vincar através do universo virtual. *Sites* de relacionamentos, grupos específicos de interesses, e tudo o que é necessário para o estabelecimento de vínculos interpessoais passou a ser mediado no universo virtual. Um glossário de novos termos surgiu e faz parte do universo semântico das pessoas de modo irreversível. Expressões como *deletar, cancelamento* – em sua nova configuração que significa a exclusão de pessoas de determinados grupos –, dentre outras, passaram a compor o repertório das pessoas e mesmo a incorporar o dicionário ortográfico geral. Criou-se a modalidade de *home office*, em que as pessoas de uma determinada empresa trabalham em suas casas prestando as mais diferentes atividades. Tivemos o surgimento do atendimento médico e da psicoterapia *on-line*, algo simplesmente impensável décadas atrás. Tudo se molda e continua se amalgamando aos novos parâmetros virtuais.

E assim, os relacionamentos interpessoais tiveram mudança significativa em suas estruturações. Pessoas passaram a se conhecer pela internet e, muitas vezes, iniciam algo que denominam como namoro mesmo antes de conhecer presencialmente o interlocutor. Isso fez com que muitas pessoas perdessem a condição de viver relações interpessoais presenciais.

A tela do computador, seja no molde celular seja ainda no tradicional, faz com que algumas coisas presentes nas relações presenciais sejam desconsideradas. Assim, como mera citação, enfrentar o olhar do outro, possíveis desavenças, contrariedades e tudo que se faz presente em um relacionamento presencial tem sua resolução no mundo virtual facilmente resolvível com o *cancelamento* do interlocutor. Torna-se cada vez mais frequente alguém conhecer outra pessoa no plano virtual, pois, cada vez mais, as coisas se estabelecem nesse universo.

Algumas expressões impensáveis no passado como sexo virtual, reunião *on-line*, transmissão de dados *on-line* foram sendo incorporadas a nossa cotidianidade e hoje fazem parte de modo indissolúvel de nossa subjetivação. Sexo virtual, algo utilizado no namoro virtual e também para amantes que estejam distantes e se excitam pela opção de vídeo presentes nos recursos dessas mídias são possibilidades que estão incorporadas em nossa realidade subjetiva e passam a fazer parte de nossas vidas como se fosse algo que sempre existiu.

E quando a pandemia do Covid 19 assolou nossas vidas de modo impiedoso tivemos também o surgimento das chamadas *lives* que, ora trazem desde apresentações musicais, e outras formas de arte, até reuniões e conferências científicas. Congressos e reuniões científicas passaram a ser transmitidas via *on-line*, *lives* a transmitir conhecimento e atualização dos últimos experimentos e investigações científicas.

Dessa maneira, estamos assistindo ao surgimento de quadros de depressão decorrentes da maneira como as pessoas estão reagindo e interagindo em termos interpessoais nas redes virtuais. Posta-se algo em uma página dos diferentes recursos existentes à espera de muitas curtidas e comentários favoráveis ao que foi partilhado. A ausência dessas aceitações está criando uma forma de sofrimento. Essa condição criou o que já está sendo definido como *dependência virtual*, algo semelhante, guardadas as devidas proporções, ao prazer provocado pela ingestão de determinadas drogas químicas.

Podemos assim definir como *dependência virtual* a busca desenfreada pelo prazer propiciado pela interação dos diferentes níveis de mídias sociais. A interação cada vez mais frenética com o computador presente nas mãos em forma de celular, e mesmo nos computadores tradicionais, transforma as relações interpessoais para as configurações desse universo. Busca-se o prazer das curtidas e dos comentários, e sua ausência traz sofrimento, muitas vezes, cáustico e muito doloroso. Primordial passa a ser as aprovações ao *post* lançado nas diversas redes, e isso faz com que cada vez mais postem mensagens com condições de aceitação para o seu grupo de amigos.

Como psicoterapeutas, estamos cada vez mais constatando esse teor de sofrimento em nossos pacientes. Pessoas sofrendo pelo simples fato de que algo postado não teve a aprovação do grupo de amigos. É como se, de repente, tivéssemos que nos deparar com a dinâmica da vida sem qualquer preparação apriorística, afinal em nossos estudos e reflexões sobre psicoterapia não temos ainda um número significativo de referências teóricas que pudessem nos balizar para essa nova realidade. E, dessa maneira, tivemos que aprender apreendendo com o paciente, buscando detalhes dessa nova realidade, detalhes de um mundo virtual que se descortina e mostra-se claramente trata de um processo irreversível no tecido das relações interpessoais. Fomos envolvidos nessa nova realidade, e, a partir disso, fomos nos instrumentalizando para conseguir acolher o sofrimento vivido pelos nossos pacientes que são advindos dessa nova realidade virtual.

Novas facetas da depressão surgem com a modernidade da realidade virtual. Sofrimentos psíquicos intensos que tem matizes nas curtidas e respostas de um determinado post; sofrimentos advindos do *cancelamento* efetivado por algum amigo em alguma rede social. Tantas questões que se inovam nesse contexto virtual que o processo psicoterápico precisou se superar diante dos desatinos dessa realidade. E na medida em que o psicoterapeuta também veio se inserindo nessa realidade virtual, as coisas foram se amalgamando de modo abrangente, a enfeixar todas as partes presentes nesse processo.

A maneira contínua e sem intermitência como a realidade virtual foi se estabelecendo fez com que a grande maioria das pessoas tivesse que acompanhar seus desdobramentos. E na medida em que a própria psicoterapia se tornou virtual, as coisas se vincaram de modo a estabelecer que os ditames dessa nova realidade se enfeixassem nessa nova ordem. Modernidade virtual que traz em seu escopo a psicoterapia com toda sua estrutura secular e que se torna presente nessa transformação como sendo uma de suas facetas.

Nesse contexto, a depressão precisa ser revista, inclusive, dentro de uma de suas pilastras básicas. Anteriormente, um detalhamento de que alguém estava em processo psíquico de sofrimento era o isolamento social, o afastamento do convívio com outras pessoas. Na atualidade, grande parte das pessoas está imersa em seu celular acompanhando *posts*, grupos, informações e toda sorte de trocas que ocorre nesse contexto, e isso faz com que o isolamento social não seja compreendido como anteriormente. Afinal, o que mais temos na realidade, principalmente entre os adolescentes, são jovens que passam a maior parte do tempo absorto diante dos aparelhos celulares, interagindo por meio desses aparelhos, até mesmo com pessoas presentes no mesmo ambiente físico. É dizer que o distanciamento social e o isolamento físico que configuravam manifestações do sofrimento da depressão em outros momentos precisam, dessa forma, de outra formatação na realidade.

Na atualidade, a grande maioria dos jovens e, na quase totalidade das vezes, e isso perpassa todas as classes sociais e econômicas, tem sua estruturação psíquica efetivada a partir dos detalhamentos dessa realidade virtual. Dessa maneira, estar isolado de outras pessoas em seu ambiente é algo que por si não pode mais ser visto como indício de sofrimento psíquico e mesmo presença de depressão. Em Angerami (2018), citamos que um dos grandes antídotos de prevenção do suicídio era justamente tirar a pessoa do isolamento social, e o principal indício de sofrimento psíquico derivado da depressão era justamente o isolamento social. Algo revisto e conceituado de outra forma na atualidade.

A depressão nesse novo padrão de realidade virtual terá que ser configurada como sendo algo que irá trazer sofrimentos intensos, mas o isolamento que implica no ápice do sofrimento terá que ser balizado pelo abandono dessa pessoa aos seus recursos de vida virtual. Algo minucioso e que necessita de ampla compreensão das diferentes filigranas presentes nesse processo.

O abandono das redes sociais precede ao isolamento em ambiente recluso e sem interação com qualquer outra pessoa. Se não considerarmos dessa forma, estamos incorrendo em erro de análise, e diria mesmo, até de padrões conceituais. Ou ainda, nas palavras de um paciente, adolescente de 16 anos, referindo-se a um amigo que estava sendo alvo de sua preocupação: *O Bruno está estranho, faz dias que não posta nada e nem curte as coisas da galera. Preocupante.* Assim, a constatação de que o amigo apresenta sinais de algum sofrimento psíquico reside no fato de ele estar ausente das redes sociais. E isso é a tônica que precisa pautar nossas análises, não mais o isolamento físico, o distanciamento de outras pessoas e das próprias coisas. Não, o indício maior de sofrimento é a ausência de interação nas redes sociais, algo que os primeiros estudos sobre depressão sequer ousavam imaginar. Afinal, estamos diante de mudanças dos paradigmas conceituais não apenas sobre a depressão, mas de maneira geral, sobre todo o enfeixamento de estudos e reflexões envolvendo o psiquismo humano.

Ainda que estejam a gotejar estudos que mostram os efeitos do uso excessivo de computadores, celulares e demais apetrechos no cérebro humano com consequências para toda a estrutura psíquica da pessoa, ainda assim, tartamudeamos as primeiras palavras em busca de uma compreensão que minimamente se aproxime desse fenômeno trazido pela realidade virtual.

Se de um lado esses estudos estão mostrando os efeitos sobre a estrutura cerebral e neurológica do cérebro humano e seu funcionamento em contraponto ao organismo como um todo, de outro, é inegável e notório os danos que essa realidade virtual está causando na estrutura emocional das pessoas. E ao aprofundar a análise de alguns esgarçamentos amorosos, e mesmo amizades, temos sempre presente, na quase totalidade dos casos, a realidade virtual impondo ditames sobre os quais uma nova configuração precisa ser adequada e analisada. Como mera citação, podemos apresentar a conceituação de traição amorosa.

Anteriormente, poderia definir uma relação extraconjugal quando um dos cônjuges tinha outro parceiro fora de seu relacionamento.

Esse relacionamento paralelo implicava em encontros furtivos feitos às escondidas e que implicava necessariamente em vivências amorosas e sexuais. Na atualidade, temos ainda a configuração de traição amorosa quando um dos cônjuges mantém relação virtual com outra pessoa e que, muitas vezes, é vivida entre pessoas desconhecidas, com a possibilidade de sequer vir a se conhecerem na vida real. Algo igualmente impensável na estruturação tradicional do que era definido como relacionamento extraconjugal, mas igualmente passível de levar pessoas a grandes e intensos sofrimentos psíquicos quando tais fatos veem à tona.

Ao considerarmos a depressão derivada dos relacionamentos virtuais como algo pertinente a nossa contemporaneidade, nós estamos acolhendo o sofrimento psíquico a que muitas pessoas são lançadas a partir desse novo cenário. Iniciando pela contemporização de que o isolamento social não é mais parâmetro de análise, e dando sequência a partir de uma nova compreensão da estruturação das relações interpessoais, teremos, então, novas formas e novos modelos de acolhimento ao paciente desesperançado e acometido pela depressão.

Da mesma forma que os primeiros casos definidos como namoros advindos de relacionamentos virtuais causaram estranheza e foram sendo absorvidos e tidos como inerentes à contemporaneidade, assim também as novas conceituações para a compreensão da depressão advinda do mundo virtual precisarão ser assimiladas e contrapostas aos conceitos tradicionais sobre a temática.

Depressão. Simplesmente depressão...

Diante do Isolamento Social

Situações de isolamento social dos mais diferentes matizes produzem sofrimentos psíquicos intensos que variam de acordo com a sua natureza. Dessa maneira, precisamos analisar, de modos diferentes, pessoas expostas a isolamento em razão de alguma comorbidade daquelas que estão nessa situação em cumprimento de penas judiciais, ou ainda, daquelas que estão em asilos na condição de seres rejeitados pelas famílias no ostracismo de suas vidas, ou mesmo crianças e adolescentes nos abrigos para esse fim. Situações emaranhadas e que apresentam facetas diferentes da depressão. Detalhes em que a depressão se configura de aspectos bem específicos e que necessitam da análise pormenorizada e mesmo cuidadosa em suas especificidades.

O isolamento irá desestruturar a condição emocional das pessoas e, de acordo com suas peculiaridades, teremos situações de análises distintas e bastante precisas para cada situação. De modo simplista, podemos enquadrar a depressão presente nas situações de isolamento como sendo derivativos de sentimentos de perdas e, de certa forma, de algum tipo de abandono. Pessoas que pelas mais diferentes situações e constitutivos são lançadas nas diversas instituições. Temos, então, desde a espera estéril de alguns pela visita dominical de familiares e amigos, até situações em que o sofrimento deriva da própria vida cerceada em sua plenitude por causa do confinamento. De alguma forma, uma realidade conhecida de todos os envolvidos em trabalhos em instituições é a espera e o sofrimento desses internos do domingo, dia consagrado para o recebimento das visitas. Sofrimento cáustico que remete à crueza da sensação de abandono e mesmo de ingratidão por parte de familiares e amigos quando esses se fazem ausentes nesses momentos.

Nesse quadro institucional, a depressão é parte inerente e indissolúvel de seus constitutivos. É dizer que praticamente não existe instituição em que as pessoas estejam em situação de isolamento social e que, igualmente, não estejam com sofrimentos psíquicos derivados da depressão. Depressão que açoita pelo sentimento de abandono e, principalmente, pela falta de perspectivas de vida.

Os profissionais da saúde que atuam nessas diferentes instituições possuem grande experiência no manejo de quadros de depressão derivada dos sentimentos de abandono vivido por esses internos. Seja instituição do sistema penal, hospitalar, ou mesmo asilar, todos que atuam nessa seara se deparam com inúmeros casos de pessoas que padecem de quadros severos de depressão pela situação do isolamento em si. O aprendizado desse manejo se dá muito mais pelo acolhimento ao sofrimento presente nessas instituições do que pela leitura teórica e reflexiva sobre depressão. Evidentemente que o escopo teórico sempre é balizamento necessário a todos que se embrenham por esses caminhos, mas o grande aprendizado, a maneira como a depressão será tratada e acolhida, dá-se na realidade institucional diante do olhar lagrimejado, da alma despedaçada e que foi lançada de modo estilhaçado para os quadros da depressão.

Somos aprendizes diante das diferentes manifestações da depressão, não há como esgotar a compreensão para as suas diferentes manifestações e os matizes de seus constitutivos. A realidade institucional que sempre é um desafio para o profissional da saúde por implicar em atuação multidisciplinar, com gama bastante diversificada de olhares e diferentes compreensões para a intervenção junto ao interno, torna-se ainda mais desafiadora por trazer presente em seu bojo quadros severos de depressão, vidas que se entrelaçam em atendimentos multiprofissionais e apresentam ditames de superação contínua, pois, se não bastasse as dificuldades das instituições em si, os profissionais da saúde ainda lidam com questões psíquicas muitas vezes agravadas pelo sofrimento trazido pela depressão. Falar de depressão nessas instituições praticamente é neologismo, pois não parece crível que possa haver alguma que imponha o isolamento aos seus internos e concomitantemente não crave quadros severos de depressão.

Nessas instituições, esse imbricamento da depressão, ao mesmo tempo em que pode ser definido como cruel e desolador, apresenta ainda o agravante de que esses internos não são acolhidos em seu sofrimento pelo próprio preconceito que se dá a quadros de depressão ainda iniciais. É como se a depressão nas instituições, até mais do que em situações fora de seus limites, tenha sua ocorrência negada de modo premente. E tal como ocorre na sociedade em geral, a depressão só será considerada algo sério quando apresentar sinais irreversíveis e contundentes.

O isolamento social, ao confinar pessoas de modo excludente, nega uma das características humanas mais importantes: o convívio social. A natureza humana não prescinde do convívio social, e quando se vê extirpado dessa possibilidade, o sofrimento é imensurável. E se considerarmos que esse confinamento, na quase totalidade das vezes, é algo imposto de modo impositivo, sem direito a questionamento, o sofrimento certamente adquire contornos ainda mais dramáticos.

Depressão que se apresenta como uma reação do organismo a maneiras tão agressivas a que são impostas, ou então, teremos de analisar de outra forma alguém que é colocado em uma casa de repouso no ocaso de sua vida em razão de a família o ver como estorvo, ou mesmo difícil de ser cuidado. Nesse bojo de análise, certamente irá caber questões como ingratidão, descaso e tantos outros detalhamentos que fazem da condição humana algo inominável em alguns momentos.

Nos chamados asilos destinados ao abrigo de pessoas idosas temos o maior descaso presente nas relações interpessoais, seja pelo próprio abandono promovido pelos familiares ao decidirem pela internação, seja, ainda, pela ausência de visitas nos horários destinados para tal.

Nesses casos de confinamento, a depressão certamente se configura, como já dissemos anteriormente, em *respostas saudáveis* do organismo diante de ações muito contundentes. Do mesmo modo que consideramos a depressão como algo pertinente ao sofrimento diante de um luto ou outra forma de perda significativa, igualmente, o sofrimento derivado das situações de confinamento terá como reação do organismo, dentre outras manifestações orgânicas, o surgimento de quadros severos de depressão.

Depressão alçada como uma forma de o organismo resistir a maneiras tão frontais e cáusticas de agressão. A depressão nos quadros de confinamento é uma maneira encontrada pelo organismo de se ausentar da própria realidade e se transportar para momentos em que a vida pulsava de forma mais saudável. Ao se apresentar dessa forma, a depressão é a ausência da realidade e do próprio entorno espacial do paciente, mostra-se como sendo uma alternativa encontrada pelo organismo para não sucumbir a quadros mais severos e irreversíveis, no caso, alguma forma aguda e severa de psicopatia.

O confinamento é a agressão inicial sofrida pelo organismo, e esse, muitas vezes, não resiste ao impacto, buscando, dessa maneira, modos de se livrar ou mesmo atenuar esse teor de sofrimento. Então, se faz necessário compreender a depressão como uma enfermidade que acomete o organismo, pois essa visão mostra que ela surge para tentar se preservar dessa agressão inicial.

Depressão. Simplesmente depressão...

CAPÍTULO XIII

Depressão e Arte

Nas cordas do violino o pulsar da emoção...
nos pés da dançarina o som do coração...
SABEDORIA CIGANA

Depressão na música

Já foi dito exaustivas vezes que é possível analisar detalhes da vida de um determinado autor pelo teor de sua escrita. Isso acontece particularmente quando evocamos o quesito Arte, pois se torna ainda mais verdadeiro no sentido de projetar nuances que fazem a peculiaridade da alma do autor diante de obras de artes que possuem a particularidade ainda mais intrínseca e inextricável dos autores dessas obras.

Merleau-Ponty (2004) assevera que diante de uma obra de arte somos essência e existência, imaginário e real, visível e invisível, pois a pintura confunde todas as nossas categorias ao desdobrar seu universo onírico de essências carnais, de semelhanças eficazes, de significações mudas. No tocante à música, podemos colocar que as sensações provocadas quando chegam ao nosso ser sempre serão indefiníveis e mesmo inomináveis.

A questão da depressão e seu imbricamento com a música foi feito exclusivamente a partir da minha historicidade e dos detalhamentos que fazem parte do meu ser. Os compositores e as músicas citadas, os pormenores que se complementam, tudo foi escrito pelo critério da minha subjetivação e dos meus determinantes frente a essa expressão de arte. Não houve qualquer outro critério que não minha percepção frente ao meu sensível sobre música e alguns dos principais compositores no cenário mundial.

Da primeira vez que a desesperança me levou a uma reflexão crivada de preocupação e dúvidas foi ao assistir ao filme de Karl Hartl intitulado *Mozart – O Gênio da Música* (HARTL, 2006). Nesse momento, a Psicologia e, consequentemente, a preocupação com o desespero humano, não faziam parte do meu projeto de vida. A condição de musicista alentava os dias. Nessa obra, ao contrário da obra de Milos Forman intitulada *Amadeus* (FORMAN, 2006), sucesso estrondoso de bilheteria, que boa parte dos amantes de cinema assistiu, filme sem dúvida alguma esplendoroso, em que Mozart é mostrado como alguém limítrofe, para não dizer abestalhado, mas que ainda assim produzia uma música maravilhosa, Hartl mostra o grande gênio da música em sua condição humana e no seu esplendor de criação.

O filme de Hartl, certamente, é uma das mais lindas biografias de Mozart já transpassadas para a cinematografia. Rever essa obra-prima é viver doces reminiscências das primeiras emoções de quando o apreciei pela primeira vez. E já ao final da trama há a cena que me marcou a vida de modo irrebatível. Nessa cena, temos Mozart em sua casa diante de alguém batendo a sua porta. Ele abre e se depara com um adolescente, quase na vida adulta, que diz de uma recomendação para que o procurasse para ser introduzido na cena musical de Viena. Mozart convida o jovem para entrar, pergunta seu nome e esse prontamente responde:

— *Beethoven.*

Depois de breves cumprimentos e apresentação, o jovem Beethoven se dirige ao piano e toca uma Sonata de Haydn. Mozart prontamente reage e diz:

— *Você estudou com afinco essa sonata, agora, toque algo seu.*

Beethoven prontamente atende ao pedido de Mozart e toca uma de suas primeiras sonatas. Mozart então reage:

— *Isso é a revolução; essa é a música do futuro, a grande revolução musical. Agradeço por ter tido o privilégio de ouvir algo tão sublime antes de minha morte.*

Beethoven então retruca:

— *Mas porque o senhor está falando de morte?*

E Mozart conclui:

— *Estou muito velho, doente.*

E Beethoven:

— *Mas o senhor é muito novo, tem apenas 35 anos de idade.*

E Mozart mostra a desesperança em seu estado mais pleno e contundente:

— *Estou cansado da vida; não tenho mais por que lutar pela vida. Cansei! Minha doença é a dor que me entristece a alma, que turva meus dias.*

Mozart morreria algum tempo após esse episódio.

Hoje, trabalho diretamente com pessoas desesperançadas, pessoas cujo desespero é parte inerente da própria vida. Em Angerami (2017), pontuei que o desespero faz com que o paciente tenha uma total obnubilação de sua consciência, e a única possibilidade tangível é a própria morte. Não que não existam outras possibilidades, mas a consciência obnubilada nada alcança que não a morte.

Essa cena do filme de Hartl sempre se faz presente todas as vezes que a desesperança surge diante de mim, seja pelos pacientes, ou mesmo quando minha alma se vê diante de dias turvos. Essa definição de cansaço da vida, então, torna-se algo tangível. A dor que entristece a alma, dor que levou embora dessa vida aquele que produziu a música mais divina e excelsa que se pode sonhar. Cansaço da vida, algo tangível a todos em algum momento nessa labuta diária de enfrentamento aos desatinos que a vida nos apresenta.

Cansaço da vida, desesperança, depressão, imbricamento que se enfeixa e se torna um constitutivo indissolúvel no sofrimento da alma humana. E na obra de Mozart, vamos encontrar subsídios para a nossa análise de música e depressão. Dentre sua vasta obra, ele compôs 27 concertos para piano e orquestra. Do concerto nº 20 ao concerto nº 26, temos o que existe de mais fabuloso e sublime na criação humana. Alguns trechos, inclusive, são considerados, por muitos estudiosos, verdadeiras melodias escritas por Deus que ele apenas anotou[10]. Nesse quesito, há o

---

[10] Meu antigo professor de violão, o saudoso Prof. Benedito Moreira, antes do início de suas aulas, colocava na vitrola um disco de vinil para que ouvíssemos o adágio do Concerto para Flauta, Harpa e Orquestra, de Mozart. Era um ritual de oração, e assim, como os religiosos oram antes do início de suas atividades, ele também fazia esse gesto a partir da música de Mozart. E o mais interessante era que seu compositor preferido era Bach, mas ele colocava essa peça musical dizendo que se tratava de uma forma de Deus estar presente no ambiente. Outra peculiaridade dele era que a cada vez que executava uma peça de Bach, não importava quantas tocasse ou mesmo que repetisse, ele dizia: *"Que Deus te conserve sempre tocando Bach".* É dele também uma explicação muito sensível sobre a música de Mozart. Perguntei a ele certa ocasião porque não estudávamos alguma transcrição de peças de Mozart para violão, assim como fazíamos com a obra de Bach, ao que ele respondeu: *"A música de Mozart é perfeição, só pode ser executada da maneira como ele concebeu, qualquer mudança tira sua divindade".*

Andante do Concerto nº 21, e o primeiro movimento *Alegro do Concerto nº 23*. Verdadeiramente insuperáveis pela condição humana, isso se considerarmos sua obra como humana, e não como muitos a consideram como um sopro divino transformando-se em música.

O *Concerto nº 27*, entretanto, depois de uma sequência inigualável em toda a história da música, é algo sem vida, destoando totalmente dos concertos anteriores. Seu andamento não é cálido e harmonioso como os outros, e sua vibração denota tristeza e sofrimento. Não existe como no *Concerto nº 24* a superação da composição em si, quando depois de início bastante sombrio ocorre toda uma mudança vibracional e ondulações temáticas e harmoniosas se transformando e nos lançando diante de algo magistral.

O *Concerto nº 27* parece moldurar a desesperança que granjeava na alma de Mozart. É dizer que o seu cansaço diante da vida não daria mais trégua até o fim de seus dias, tristeza essa que também estava presente em sua produção musical. Desse período houve o seu *Requiem* o qual ficou inacabado em virtude de sua morte. As exceções são a ópera *A Flauta Mágica*, e o *Concerto Para Clarinete e Orquestra*, certamente, das maiores composições musicais já tornadas realidade pelas mãos humanas. No *Concerto Para Clarinete e Orquestra* Mozart explora os recursos do instrumento de modo magistral, e o lirismo do segundo movimento em que ele faz o clarinete soar como nunca e possivelmente depois. Aqui, verdadeiramente, temos um dos momentos mais sublimes da história da música, e por assim dizer da humanidade, outro ditado melódico de Deus que ele apenas copiou.

A Flauta Mágica, por outro lado, em suas primeiras apresentações já ocorreram com Mozart totalmente enfermo e morrendo em pleno êxito dessas exibições.

A Flauta Mágica teve um dos maiores registros cinematográficos que se conhece feito por Ingmar Bergman (BERGMAN, 2007). Então temos a junção de um dos maiores gênios de cinema de todos os tempos com o gênio maior da música, Mozart.

A desesperança de Mozart frente à vida está presente de modo pungente e angustiante no *Concerto nº 27* e no *Requiem*. Algo que dilacera a alma ao se debruçar sobre suas modulações teóricas e harmônicas.

Tenho Mozart como um dos vértices da minha Santíssima Trindade Musical – as outras são Debussy e Rachmaninoff - e, dessa maneira, tenho praticamente gravações da quase totalidade de sua obra, inclusive, sendo meu deleite diário, mas, decididamente, o *Concerto nº 27* e o *Requiem* são obras que eu não consigo ouvir, pois algo dessa desesperança me invade e me deixa em profundo estado de tristeza e sofrimento, algo que não consigo alcançar os determinantes de compreensão, mas, certamente, a impregnação desse estado da alma de Mozart presente nessas peças musicais são de profunda e contagiante tristeza, ao contrário de outras obras de sua autoria que nos levitam para patamares superiores de elevação espiritual.

A música, por ser uma das maiores manifestações da alma humana e uma de suas expressões mais marcantes, traz em si toda sorte de sentimentos envoltos em sua origem e produção. Assim, sentimento de tristeza, alegria, solidão, desespero dentre outros tantos sempre estarão presentes em suas estruturações, e sempre estará a mostrar o estado de alma do seu compositor.

Temos ainda em Igor Stravinsky um exemplo de superação de quadro severo de depressão, a qual o acometeu diante da maneira como o público acolheu a apresentação inicial de *A Sagração da Primavera,* obra que posteriormente se tornaria referência da vanguarda musical ao lado da obra de Debussy, Ravel e Satie, e que marcaria o surgimento de uma nova fase musical pós-romantismo denominada *Música Impressionista.*

Stravinsky era um compositor russo que foi a Paris em busca do reconhecimento de sua obra e para viver a aura impressionista que pulsava na capital francesa em diversos segmentos das artes. Tinha Monet[11] criando todo um constitutivo impressionista em seus quadros, algo que se expandiu para a música, poesia e literatura[12]. Depois de muitas tentativas de exibição de sua música, Stravinsky finalmente conseguiu espaço para mostrar aquela que seria sua peça musical mais importante, o balé *A Sagração da Primavera.* Tão arrojada era a música com estruturação rítmica transpassando a harmonização melódica que o público vaiou de forma estrondosa. Stravinsky caiu em grande depressão demorando algum tempo para se recompor e continuar sua brilhante trajetória musical. Ele

---

[11] Oscar-Claude Monet foi um pintor francês e o mais célebre entre os pintores impressionistas. O termo impressionismo surgiu devido a um de seus primeiros quadros *Impressão, Nascer do Sol.*

[12] Mais adiante, iremos tecer considerações sobre a depressão em outras manifestações artísticas.

obteve sucesso relativo em sua música, mas não conseguiu acompanhar a trajetória triunfal de *A Sagração da Primavera,* inclusive, tornar-se um verdadeiro marco na música mundial, como já dito anteriormente, mesmo determinando novos parâmetros de orquestração e compreensão musical.

Detalhes da vida de Stravinsky estão retratados de modo esplendoroso no filme de Jan Kounen intitulado *Coco e Igor* (KOUNEN, 2009) em que é mostrado o romance extraconjugal que ele manteve com a estilista parisiense Coco Chanel. Nesse filme, é mostrada a primeira apresentação de *A Sagração da Primavera*, e todo o estrondo de sua repercussão junto à plateia e, segundo o próprio Kounen, foi a cena mais difícil que ele filmou em sua trajetória.

E mesmo Beethoven, citado anteriormente em seu primeiro encontro com Mozart, sofreu seriamente com a depressão em razão das alucinantes dores de ouvido que o acometiam. Ele ficou totalmente surdo e as suas últimas composições não eram ouvidas por ele em razão dessa anomalia. Suas dores de ouvido eram parte de uma vida envolta em sofrimento e dor. Frustrações amorosas e uma intensa sequência de uma vida atormentada. Tido como irritadiço, sempre mostrava sinais contundentes de depressão.

Existe bastante controvérsia sobre sua morte, pois ele morreu após ingerir uma quantidade bastante exacerbada dos remédios utilizados sob prescrição médica para suas dores de ouvido. Não se sabe com exatidão se ele tomou a dose exagerada para acabar com uma crise agudizada de dor, ou então, ao contrário, tomou dose suficiente para acabar com as dores por meio do extermínio da própria vida. Sua autópsia concluiu que seus nervos auditivos estavam atrofiados e a sua trompa de Eustáquio estava reduzida, algo que explicava sua surdez, mas não sua causa.

E assim como é perfeitamente identificável momentos de tristeza na música de Mozart, em Beethoven, em sua tentativa de enfrentamento desses desatinos que acometiam sua alma de modo inapelável, o veremos recorrendo a obras grandiosas em que procurava a própria superação humana por meio de sua obra musical. Ele escreve a *9ª Sinfonia*, algo decididamente inigualável, de grandiosidade talvez insuperável para sempre, pois nem mesmo as sinfonias do compositor Mahler com toda sua grandiosidade orquestral conseguem superar a obra de mestre de Bonn.

Beethoven trazia como verdadeira obsessão a concretização de um comentário feito por Mozart quando esse o levou para exibir sua obra para a sociedade vienense. Diante da magnitude da apresentação pianística de Beethoven, Mozart pergunta:

— *Seu nome, diga seu nome.*

E Beethoven singelamente responde:

— *Ludwig Van Beethoven.*

E Mozart sentencia:

— *Beethoven, Beethoven guardem bem esse nome que o mundo ainda há de se curvar diante dele.*

E quando ele finaliza sua obra magistral, a *9ª Sinfonia*, ele tão atormentado pela surdez e por uma vida tão tumultuada diz a seus discípulos:

— *O mundo finalmente há de se curvar diante do meu nome. Passarão os séculos, mas não passará a 9ª Sinfonia.*

Beethoven é sempre associado a quadros depressivos e suas expressões nas imagens que o retratam sempre o mostram sisudo e sem qualquer vestígio de sorriso. Junto ao legado de sua obra, algo verdadeiramente insuperável na história. Há também exemplo de como a depressão foi transformada em algumas das mais lindas músicas que a condição humana já concebeu.

Ainda no universo da música erudita temos outra alma bastante perturbada em sofrimento e dor: Tchaikovsky. O mesmo Tchaikovsky, autor das melodias mais lindas que se pode sonhar, o responsável por levar o esplendor sinfônico para o universo do balé, tornando-se, assim, o maior compositor de música para esse gênero de todos os tempos.

Tchaikovsky das canções infantis mais suaves dessa vida; o compositor da *Suíte Quebra Nozes,* um balé com músicas de fadas, flores e do sonho transformado em realidade para a magia de Natal. O gênio que compôs a música dos balés mais esplendorosos que existem, *O Lago dos Cisnes, A Bela Adormecida, Suíte Quebra Nozes*, além de outras tantas obras maravilhosas. Essa mesma alma criativa e insuperável vivia atormentada em profunda tristeza e depressão. Não existe a menor simetria entre sua turbulência de vida e a beleza de suas músicas. Sua morte súbita ocorreu com 53 anos de idade após ingerir um copo de água que estava contaminada com cólera, algo que era do seu conhecimento e alvo da vigilância sanitária russa para que os cidadãos não a ingerissem por ser fatal.

Devido ao caos emocional de sua vida, envolta nas mais diferentes formas de turbulência, têm-se como real que essa ingestão de água foi um ato suicida, afinal, ele apresentava sinais muito marcantes de sofrimentos emocionais e convivia com a depressão contínua. Difícil conceber sofrimento tão intenso na alma de compositor de coisas tão esplendorosas. É como se algo não combinasse na essência dos fatos. Uma de suas mais notáveis criações, o estupendo *Concerto Para Violino e Orquestra*, figura entre minhas músicas favoritas dessa vida, algo que ouço continuamente para depuração de toxinas existenciais, substrato simplesmente maravilhoso para a elevação da alma nos dias turvos que nos acometem na vida.

Associação de Tchaikovsky com depressão e sofrimento é algo familiar a todos que se debruçam sobre sua biografia. Certamente o meio buscado para essa superação foi a imersão no universo da música. E com produção contínua nos mais variados gêneros e formações musicais, conseguiu postergar esse sofrimento até o momento em que tudo se tornou insuportável.

Temos no universo da música clássica algo bastante peculiar e notório que é o episódio de Gustav Mahler e seu encontro com Freud. Mahler era acometido por neurose obsessiva e sua particular relação com a morte. Dessa maneira, muitos estudiosos acreditam que essa característica se fez presente em algumas de suas obras. Ele procurou por Freud buscando ajuda para o sofrimento que atormentava sua alma. Eles tiveram uma única sessão, e alguns trabalhos acadêmicos enfatizam que graças a isso Mahler pôde articular com mais desenvoltura alguns trabalhos em que a morte fazia parte do envolvimento da trama.

O inusitado do encontro de Mahler com Freud faz com que detalhes de sua obra após esse momento sejam analisados creditando grande ênfase a possível ajuda que o genial compositor recebeu do gênio da Psicanálise. Minúcias que fazem com que sua obra tenha uma envergadura ainda mais indecifrável, isso em que pese sua grandiosidade.

Interessante ainda nesse acolhimento feito por Freud a um dos maiores gênios da música clássica, é o fato de que ele tinha certa aversão pela música. Inclusive, ele chegou a pedir à sua mãe, na adolescência, que retirasse o piano da casa, o qual a sua irmã estudava música. Freud vivia em Viena, que juntamente com Paris era a referência maior da Europa no cenário da música clássica. E, nesse período, além do próprio Mahler, ainda seria possível a convivência com outros nomes sagrados da música clássica, como Strauss Jr., Brahms, dentre outros. Difícil conceber como seria sua obra se ele tivesse se aproximado e convivido com esses gênios da música. Certamente sua obra teria um fascínio ainda maior. Enfim...

Merleau-Ponty (2004) ensina que ao escritor, ao filósofo, pede-se conselho ou opinião, não se admite que mantenham o mundo em suspenso, quer-se que tomem posição – eles não podem declinar da responsabilidade do homem que fala. A música, inversamente está muito aquém do mundo e do designável para figura noutra coisa senão épuras do Ser, seu fluxo e seu refluxo, seu crescimento, suas explosões, seus turbilhões. É dizer que a música se faz sensitiva de modo indescritível e com unicidade que apenas a ela é pertinente. Faz-se distante do determinismo analítico da ciência e da lógica cartesiana que tenta estabelecer simetria entre as coisas do mundo subjetivo.

A depressão na música encontra desaguadouro de libertação no momento da criação, quando o compositor se liberta de sentimentos que possam estar agrilhoando sua alma. Muitas músicas só foram efetivadas devido ao sentimento que estilhaçava a alma do compositor e, por meio da música, buscou extravasar sua dor. É como se o antidepressivo do compositor tivesse em seus ingredientes a composição musical para o alívio das dores da alma. E na realidade, além do alívio propiciado ao compositor, essa música também servirá de alento a tantas pessoas que se debrucem sobre essa obra, e que igualmente busquem conforto para a própria alma.

De outra parte, somos fragmentos da nossa alma em todas as nossas realizações e configurações pela vida afora. E se a alma se encontra ensanguentada pela dor provocada pela depressão, e mesmo por qualquer outra manifestação de sofrimento psíquico, detalhes desse aspecto serão encontrados em nossas realizações, sejam elas artísticas e mesmo de outra natureza.

Em termos de música popular brasileira, uma canção que sempre me tocou pela tristeza de sua letra foi *Felicidade*, criação de Vinicius de Moraes com música de Tom Jobim. As estrofes iniciais sempre me deixaram angustiado pela conotação de tristeza e depressão que apresentam:

Tristeza não tem fim
Felicidade sim
A felicidade é como a pluma
Que o vento vai levando pelo ar
Precisa que haja vento sem parar

Versos singelos a mostrar o sofrimento presente na alma humana de modo contínuo com pequenas intermitências de momentos felizes. E a tristeza citada não é decorrente de algum fato específico, algo pontual, ao contrário, o que se mostra é a tristeza em seu estado latente inerente à própria condição humana.

Ainda em termos de música brasileira há as canções de Luiz Gonzaga, e aí sim, mostrando uma tristeza específica oriunda do sofrimento do nordestino no enfrentamento de sua saga de seca e destruição. Primeiramente, temos *Asa Branca*, com letra de Humberto Teixeira que retrata esse desespero de modo ímpar:

Quando olhei a terra ardendo
Qual fogueira de São João
Eu perguntei a Deus do céu
Porque tamanha judiação
Que braseiro que fornaia
Nenhum pé de plantação
Por falta d'agua perdi meu gado
Morreu de sede meu alazão
Inté mesmo a Asa Branca
Bateu asas do sertão

Ainda, de Luz Gonzaga, mas dessa vez com letra de Zé Dantas, há uma canção que fala da volta da chuva, e dessa vez cantando a alegria da chuva. E temos então, *A Volta da Asa Branca*:

Já faz três noites
Que pro Norte relampeia
Asa Branca ouvindo o ronco do trovão
Já bateu asas e voltou pro meu sertão
Ai, ai eu vou me embora
Vou cuidar da plantação
A seca fez eu desertar da minha terra
Mas felizmente Deus agora se alembrou
De mandar chuva pra esse sertão sofredor
Sertão das muié fera

Dos homes trabaiador
Rios correndo
As cachoeiras tão zoando
Terra moiada
Mato verde, que riqueza.

Contraponto ao sofrimento trazido pela letra inicial de *Asa Branca*, temos a alegria de *A Volta da Asa Branca*. É dizer que depressão e a tristeza inicial podem ser superadas, e igualmente podemos fazer essa junção para outras situações inerentes à condição humana. Diante do desespero desolador da seca, temos a volta da chuva e da *Asa Branca*. Diante do choro estancado pelo sofrimento, temos a superação da alma humana em busca de aleto e superação.

Depressão que se faz presente nos momentos de desespero, mas que também pode ser superada e transformada em determinantes de fortalecimento da alma que sofre em chagas de dor. E se a depressão é determinante maior de sofrimento da alma humana, a superação em seus detalhamentos de sofrimento igualmente é toque de elevação na condição humana.

Depressão. Simplesmente depressão...

Depressão nos romances

Uma das maiores cantilenas envolvendo a literatura é a de que a principal inspiração do poeta e do escritor é o sofrimento. Aquele que tem a alma ensanguentada por sofrimento é capaz de expressar a dor humana com detalhes e profundidade. E na realidade, talvez os poetas se mostrem sofredores de modo explícito em contraponto com as demais pessoas que, embora igualmente, sofram com sofreguidão, não demonstram de forma tão intensa e verdadeira. A depressão ganhou contornos decididamente humanos nos temas de muitos dramas e romances, de uma maneira como jamais alcançado pelos teóricos da seara da saúde. Temos, ao contrário, e como foi dito anteriormente, meras teorizações sobre algo que se sente no amargor de uma grande dor e que, seguramente, transcende esse reducionismo teórico com os quais muitas vezes procuramos conceituar as ocorrências da vida humana.

Certamente, é da pena de Dostoievski que surgiram alguns dos maiores romances da história. Dramas em que o sofrimento humano é exposto em situações contundentes de depressão e desespero.

Dostoievski retratou em seus livros muitos detalhes que igualmente faziam parte da sua vida pessoal, inclusive, momentos de cárcere. Suas tramas atravessam gerações e tal o teor de identificação e projeção que provocam nas pessoas, já tiveram as mais numerosas transposições para teatro, cinema e música, dentre outras formas de arte. Em *O Jogador* (DOSTOIEVSKI, 2010), ele narra as intempéries de um jogador diante de uma mesa de jogos, sua volúpia e sensações diante dos resultados. Impressiona o detalhe de como ele se porta diante da mesa de jogos, levando o leitor a acompanhá-lo em todas as formas de emoções. E a mutação de sentimentos que vão da extrema euforia para sentimentos contundentes de depressão são expressos em suas nuances mais específicas. Ele mesmo, Dostoievski, era jogador inveterado, o que permite se afirmar que o romance, embora estruturado em bases ficcionais, tem em sua vida o embasamento para detalhes tão minuciosos de um jogador diante da mesa de jogos.

De outra parte, em outra de suas estupendas criações temos *O Sonho Do Príncipe* (DOSTOIEVSKI, 1958), em que é narrada uma trama cuja personagem principal, o príncipe que dá título ao romance, é possuidor de psicopatia bastante perceptível. No entanto, em razão de sua condição financeira e nobiliárquica, tudo que diz é considerado uma mensagem cifrada, e que alguns poucos privilegiados conseguem alcançar o sentido e razão. Mas, ao perder a sua condição financeira e a de príncipe, sua condição mental é escancarada e ele se torna paciente manicomial. Aliás, frisa-se que a partir desse romance, e na obra de Sartre, o iminente psiquiatra inglês Ronald D. Laing (1976) deu surgimento à Antipsiquiatria, movimento que ganhou dimensão inominável sendo, inclusive, o mote principal da chamada Luta Antimanicomial.

Laing estruturou uma compreensão da loucura denominando a psicopatia a partir da condição financeira da pessoa analisada. Assim, alguém com condição financeira satisfatória não seria considerado louco diante de alguns atos cometidos, e sim alguém extravagante. Do contrário, alguém que cometa esses mesmos atos e não tenha condição financeira será considerado portador de alguma patologia bastante severa. Essa revolução na história da Psiquiatria clássica surgiu após a leitura de *O*

Sonho do Príncipe (DOSTOIEVSKI, 1958), por Laing. Diante desse romance, ele narra ter sentido a necessidade de uma revisão drástica nos conceitos vigentes em Psiquiatra. Na sequência debruçou-se sobre a obra de Sartre, com predominância na estupenda *Crítica da Razão Dialética* (1986), e fundamentou a revolução na história da Psiquiatria.

Nessa obra, Dostoievski descreve o sentimento de depressão do príncipe quando passa a ser desprezado pelas pessoas em razão dos indícios de sofrimento psíquico de modo tão profundo, que chega a ser contundente a leitura desses detalhamentos. Depressão em seu estado mais contundente, pois surge diante do desprezo humano perante uma situação de sofrimento psíquico. É dizer da dimensão que se mostra em postura de desprezo diante da dor de alma do semelhante.

Em outra obra, *Uma Criatura Dócil* (DOSTOIEVSKI, 2010) estabelece a narrativa de alguém que foi induzido ao suicídio. Vemos detalhes do sofrimento da alma e do desespero evoluírem da depressão ao total descontrole daquilo que é sentido e vivido. A depressão da personagem principal é descrita em detalhes assustadores, desde o surgimento até aspectos envolvendo o emaranhado do desespero que se enfeixa até o ápice do ato de suicídio. O estrangulamento da dor humana é escancarado de modo a não permitir folego durante a leitura, algo ao mesmo tempo inquietante e arrebatador. O mestre russo, em sua condição de grande artificie na imersão das profundezas da alma humana, mostra-se único na maneira como a trama é conduzida, principalmente no sofrimento trazido pela depressão da personagem.

Outro grande romancista, Tolstói, igualmente russo, escreveu livros em que a situação de sofrimento e desespero são retratados de forma eloquente. Retratos contundentes da alma humana. Em *Senhor e Servo* (TOLSTÓI, 1956), ele narra a situação de um homem poderoso que, junto ao seu servo, encalha em um declive de neve. E esse senhor todo poderoso se vê à mercê do servo em sua luta contra a morte. A reflexão feita por Tolstói de questionamentos do sentido de vida, da perplexidade da morte, e da depressão, nesse contexto, é verdadeiramente magnífico. Em outra obra estupenda, *Guerra e Paz* (TOLSTÓI, 1976), ele mostra a confluência das contradições humanas no seio das questões trazidas pela determinação do poder de algumas pessoas sobre outras. Tolstói viveu parte da sua vida em comunidade aos moldes dos princípios do cristianismo, desfazendo-se dos bens materiais, tendo apenas o indispensável para a sua vida.

Tolstói imprimiu uma narrativa tão vigorosa aos seus escritos que alçou lugar no patamar dos grandes romancistas mundiais, e isso, principalmente devido à maneira como refletiu sobre o sofrimento humano e aos detalhamentos da depressão, desde o seu surgimento, enfrentamento e dissipação. Obras que se imortalizaram por servirem de suporte para aqueles que buscam compreender as profundezas da alma humana distante dos escritos especializados sobre saúde. Diferentemente dos especialistas da área da saúde, que discorrem teorias e reflexões do sofrimento humano embasados em princípios e normas científicas, os romancistas escreveram livremente sem qualquer tipo de amarras conceituais e fizeram imersão profunda nos detalhamentos da alma humana, tornando contraponto valiosíssimo aos escritos técnicos.

Em um de seus exuberantes romances, o magnífico *Ana Karênina* (TOLSTÓI, 1975), vemos toda a dramaticidade da personagem principal ao se desviar dos caminhos de um casamento tradicional. Angústia e depressão pintadas em cores sombrias de maneira a nos dimensionar para a maneira real, como esses sentimentos lancetam a alma humana. O modo como Tolstói aprofunda os sentimentos de sofrimento e depressão se tornam referências a todos que se debruçam sobre essa temática.

Outro grande romancista, Tchecov, igualmente russo, mergulhou nas profundezas da alma humana de modo intenso e com cores arrebatadoras. Em seus principais dramas nada acontece. Cada personagem é envolvido e isolado por uma zona de silêncio. O verdadeiro drama é a inação. Os diálogos tradicionais cedem lugar a monólogos paralelos, em que cada um deixa entrever, de quando em quando suas mágoas e desejos mais profundos. A depressão presente nesses enredos, além de comovente, é angustiante de se presenciar, algo simplesmente desafiador. Em *As Três Irmãs* (TCHECOV, 1975), vamos encontrar detalhamento do modo instigante imprimido às suas tramas. O vazio das personagens no contraponto da depressão com o desespero do vazio mostrado no vácuo dos diálogos é simplesmente angustiante.

Tchecov se notabilizou por efetivar em seus dramas sentimentos difusos que nos levam a projeções dos mais diferentes matizes diante de sua leitura. Algo que no envolve de modo irrebatível e nos torna reféns de emoções diante das quais não conseguimos estabelecer determinante de ação e reflexão, algo possível apenas após o distanciamento da leitura.

George Sand, de outra parte, é o heterônimo de uma das principais escritoras francesas, e de todo o universo. Seu nome verdadeiro era Aurora Dupin. Para poder publicar seus livros houve a necessidade de adotar um codinome, pois tratava-se de um momento em que não era permito às mulheres a possibilidade de publicar romances e outros textos em forma de livros. Ela se consagra como uma das maiores romancistas de todos os tempos com obras que se situam na condição privilegiada de atingir as profundezas da alma humana. Ela foi casada com o grande compositor Frederic Chopin com quem viveu ora em Paris, ora na Ilha de Mallorca para onde se retirava a fim de escrever seus romances. Em Angerami (2017), colocamos, inclusive, que uma de suas principais obras, *A Pequena Fadete* (George Sand, 1957), é uma obra vanguardista até mesmo para os estudos posteriores de psicossomática.

Nesse drama, a personagem principal atende pessoas enfermas e consegue curá-las apenas e tão somente com o uso da palavra e com o toque das mãos sobre esse enfermo. Em uma das falas mais marcantes dessa trama temos: *Se pudesse entender que o tudo acomete seu corpo é enfermidade da alma, certamente a cura estaria próxima.* Isso é facilmente encontrado nos textos que estudam Psicologia, psicossomática, enfim todos que buscam decifrar a alma humana, o sofrimento e o surgimento de enfermidades orgânicas a partir do sofrimento emocional.

Ela, na condição de romancista, assim como seus pares, simplesmente escreve livre de qualquer amarra teórica e, graças à sua genialidade e perspicácia, acaba se tornando guia de apoio a tantos estudiosos da área da saúde, que igualmente se debruçam sobre textos específicos em busca de maior compreensão dos imbricamentos do psiquismo com repercussão no constitutivo orgânico. E o modo como ela descreve, tanto o sofrimento da enfermidade que acomete as personagens, como a depressão diante do adoecimento, é verdadeiramente notório, algo que se torna imprescindível para todos que buscam a compreensão do surgimento da depressão nesses quadros.

Em outra de suas obras, *Ele e Ela* (George Sand, 1955), ela mostra o modo como um casal se envolve desde o processo inicial de sedução, cujo casal se mostra sedutor e seduzido simultaneamente, depois da efetivação do relacionamento, como a coisa vai se esvaindo e como se torna insuportável antes do esgarçamento final. Romance projetivo em que muitas pessoas, ao lerem, veem suas histórias de vida retratadas de modo pormenorizado e indescritível. Ela escreveu esse romance no século XIX e até hoje se mantem atual, pois, inclusive, o quadro de depressão advindo do início do processo de esgarçamento se mantém atual até os dias de hoje. Esse romance é algo tão avassalador em nossa estrutura emocional que diria mesmo que é praticamente impossível alguém, ao lê-lo, não se projetar de modo incômodo em suas linhas. Algo irrebatível e que nos torna refém da maneira preciosa como conduziu o envolvimento amoroso e depois os detalhamentos que levam ao processo de desmoronamento de algo que era tão primoroso na vida de ambos.

E ainda na preciosa colaboração de Thiago Souza Reis na obra de Johann Wolfgang Goethe, igualmente um dos principais romancistas alemães e de todo o universo, o estupendo *O sofrimento do jovem Werther*, escrito no século XVIII:

> a sutileza e a riqueza de sua escrita impingem a vida do jovem Werther que se apaixona por uma mulher casada, Charlotte, acompanhando o sofrimento do protagonista a um amor não correspondido até o fim trágico, aniquilando a própria vida. Um ponto alto do romance é a riqueza dos detalhes do recôndito sofrimento humano e o quanto os sentimentos depressivo e obsessivo podem incorrer na vida de um indivíduo. O impacto do livro foi tão avassalador que jovens começaram a se vestir e se portar como o próprio Werther. Não obstante, um fenômeno começou a ocorrer com frequência entre os jovens, o suicídio, muitos motivados às intempéries dos relacionamentos e suas dores. Essa onda de suicídio foi nomeada pela Psicologia como "efeito Werther". Nesta obra de Goethe, a célebre frase "a vida imita a arte", do escritor Oscar Wilde, retrata o quanto a arte perpassa nossas vidas. (Depoimento extraído no grupo de estudos)

Goethe igualmente se consagra como um dos grandes romancistas da história por conseguir retratar a alma humana de maneira profunda e irrebatível. A sensibilidade como retrata o sofrimento é algo que o coloca em patamar diferenciado no tocante à profundidade do alcance de sua narrativa. Sempre eloquente, ele consegue fazer com que, ao nos debruçarmos sobre sua obra, sempre tenhamos algo a nos sensibilizar, e por assim dizer nos elevar em nossa condição humana.

Em termos brasileiros, há a estupenda obra *Vidas Secas*, de Graciliano Ramos (RAMOS, 1975), em que a saga de uma família de sertanejos é mostrada de modo simplesmente fantástico. Angústia que se mistura ao desespero do desenrolar dos fatos e do modo como o sofrimento da família é exibido em matizes muito contundentes. A depressão da família diante dessa saga é algo que nos deixa atônitos e angustiados, pois não se trata de uma ficção científica, e sim de algo que se reproduz de modo incessante pelos sertões do Brasil.

Graciliano Ramos conseguiu retratar a alma brasileira na saga dessa família sertaneja de modo a estampar a cáustica e brutal desigualdade social que se espraia pelo Brasil. Depressão e angústia que saltam dos personagens e nos invadem e nos deixam à mercê desses mesmos sentimentos. Não é possível não pensar na depressão do leitor diante da trama narrada de modo tão contundente. Depressão que baila do livro para o leitor e daí para a vida e para o olhar que se torna aguçado em busca de situações que possam trazer algum alívio a esse sofrimento.

Outro gigante da literatura brasileira e mundial foi Jorge Amado. Ele igualmente conseguiu retratar o sofrimento do nordestino em sua saga diante da brutal desigualdade social do Brasil. Em um de seus fascinantes romances, *Tieta do Agreste* (AMADO, 1977), é possível ver a narrativa das pessoas de uma cidade do sertão em que as suas vidas se entrelaçam em rompantes de alegria e sofrimento. Temos, então, a maestria de Amado ao colocar os sentimentos de modo a nos levar em uma suave viagem pelo sertão, vivendo no imaginário a totalidade desses sentimentos. A riqueza de detalhes de sua escrita nos conduz não apenas aos cenários onde ocorre a trama, mas igualmente aos sentimentos das personagens e ao modo como concebem a vida e mesmo os sentimentos. Depressão em contraponto à árdua luta pela sobrevivência. Depressão, a mostrar o enfrentamento de superação diante das adversidades do caminho. O sofrimento do combalido presente em suas obras é algo simplesmente inominável tal a dimensão que conseguiu abarcar.

Em outra obra estupenda intitulada *Capitães da Areia* (AMADO, 1975), encontramos a descrição da realidade de crianças que vivem perambulando pelas ruas em busca de sobrevivência. Das ruas de Salvador para o mundo, com seus dramas, sofrimentos e com a depressão diante da simples falta de total perspectiva para uma vida que tenha um mínimo de dignidade, um quê de algo que não seja apenas a mera luta pela sobrevivência.

Optamos por esses autores, dois brasileiros, uma francesa, um alemão e três russos na certeza de que seriam significativos ao dimensionamento que estamos conferindo à temática da depressão na área da literatura. Não significa dizer, entretanto, que não existam outros grandes autores de outras tantas nacionalidades que igualmente escreveram coisas estupendas sobre a depressão. Certamente, livros abordando a temática da depressão existem às centenas, mas os escolhidos foram aqueles que de maneira significativa imprimiram determinantes em minha subjetivação e me fizeram reféns da grandiosidade de suas explanações. Em minha biblioteca existem outras tantas obras cujos autores se debruçaram sobre a temática da depressão, mas, repito, os escolhidos foram os que mais atingiram o amago da minha alma desde a mais tenra idade do meu desenvolvimento cognitivo e existencial.

Depressão. Simplesmente depressão...

Imagens da depressão

Merleau-Ponty (2004) ensina que a ciência clássica conservava o sentimento de opacidade do mundo, e é a este que ela entendia juntar-se por suas construções, razão pela qual se acreditava obrigada a buscar para suas operações um fundamento transcendental ou transcendente. Já hoje – não na ciência, mas numa filosofia das ciências bastante difundida –, isto de inteiramente novo, que a prática construtiva se considera e se apresenta como autônoma, e o pensamento se reduz deliberadamente ao conjunto das técnicas de tomada ou da captação que ele inventa. Deliberamos sobre conceitos sem nos atermos às suas especificidades, tampouco sobre as condições nas quais se fundamentaram. E na subjetivação trazida pelas diferentes manifestações da arte, certamente a que envolve a apreensão de imagens, temos que a nossa condição sensorial terá estímulos que se harmonizam, ou então, ao contrário, que colidem com nossos constitutivos de valores.

Temos assim que, diante de uma imagem fixada em um quadro, nossa alma está perante uma concepção que nossa percepção estabelecerá como além da manifestação inicial do artista, como um além desse e acima de qualquer outro mérito ou julgamento harmonioso que se queira estabelecer.

Uma das principais obras evocadas quando se faz a associação da arte com a depressão, de outra parte, é o quadro *O Grito* (**Figura 1**) do pintor norueguês Edvard Munch. A obra é o retrato perfeito de uma figura desesperada, em que seu grito parece silencioso, um fragmento de horror sufocado, mudo. A vida de Munch foi marcada por inúmeras perdas sempre envoltas em muito sofrimento desde a tenra infância quando perdeu a mãe aos cinco anos de idade e, na sequência, outras perdas marcaram sua vida de modo irreversível.

Os estudiosos de sua obra tecem comentários no sentido de enfatizar que *O Grito* é consequência natural de seu espírito, algo em constante turbulência e dor. Desse período de criação surgem outros quadros igualmente emblemáticos na retratação do sofrimento humano, *Melancolia*, *Ansiedade* e *Amor e Dor*. Sua obra simboliza um dos principais marcos do expressionismo alemão, mas, antes de qualquer outra conceituação, tangencia o sofrimento da alma humana em seus aspectos mais pungentes. A força da imagem retratada em *O Grito* está justamente na deformidade da pessoa em sofrimento. Expressão de dor e sofrimento a retratar o tanto que a alma humana sofre em momentos tão desesperadores.

Munch conseguiu sintetizar em sua tela a alma humana em situação cuja desesperança toma forma e contornos irrepreensíveis. Obra que não pode deixar de ser citada quando se fala em imagens de sofrimento e dor.

Figura 1

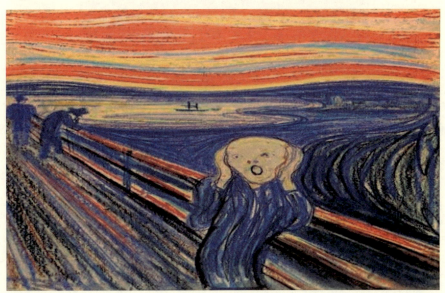

Se de um lado falamos do quadro de Munch como uma das primeiras lembranças que vem à mente quando se fala em imagens de depressão e dor, de outro, é impossível não evocar a vida de Van Gogh para falar do imbricamento da arte com o desespero e a dor. Vida repleta de transtornos dos mais diferentes matizes, sendo, inclusive, hospitalizado diante de seu intenso sofrimento psíquico, sua obra traz aspectos bastante pungentes e contundentes que retratam igualmente momentos de dor e sofrimento de sua vida. Ele culminou seu sofrimento colocando fim à própria vida, desferindo um tiro no peito. Paradoxalmente, os dois anos que antecederam sua morte foram de uma criação indescritível. Muitos de seus principais quadros foram realizados nesse período. Desse momento, temos o *Campo de Trigos Com Corvos* (**Figura 2**), feito algumas semanas antes de sua morte, obra em que é possível sentir a pulsão de dor que consumia sua alma. Depressão levada ao extremo do sofrimento, sendo extravasada pelas tintas em sua tela.

Figura 2

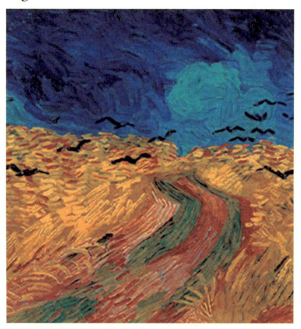

Temos no filme do diretor Roberto Altman (2017) uma estupenda transposição para o cinema da vida de Van Gogh e, certamente, sua veia irrequieta de criação é mostrada com nuances que permitem alcançar tanto o traço da sua genialidade como o sofrimento e a dor que consumiam sua alma. A depressão que atormentava Van Gogh fez com que sua obra retratasse de modo ímpar a turbulência que envolvia sua alma.

O mais interessante em sua vida, e que o filme retrata magistralmente, é a maneira totalmente inusitada da sua vida. De vida precária em termos materiais, era sustentado por um irmão que trabalhava como marchand em galeria de arte de Paris e que não conseguia vender seus quadros por não terem apelo comercial. Várias discussões entre os dois são mostradas nessa situação surreal, pois o irmão simplesmente não conseguia vender a obra daquele que seria considerado um dos maiores gênios da pintura de todos os tempos. O filme, inclusive, inicia com uma cena em que um leiloeiro promove um leilão para disputa de um de seus quadros, arrematado por vinte milhões de dólares. Totalmente insano se considerarmos a turbulência de sua vida e, principalmente, por ser alguém que viveu atormentado e com sofrimentos psíquicos intensos,

Van Gogh teve intenso sofrimento psíquico pela vida e conseguiu atenuar um pouco desse sofrimento com a pulsão das tintas sobre as telas. Depressão a consumir sua alma de maneira impiedosa e a impulsionar algumas das mais esplendorosas criações de toda a história.

Outra obra em que a dor da alma humana é retrata de modo estupendo é *Saudade* (**Figura 3**) do pintor brasileiro Almeida Junior, importante artista brasileiro do século XIX e que foi um dos representantes do movimento realista. Temos nessa composição uma mulher que é a figura central, e o modo como Almeida Junior a retratou mostra a condição de um dos grandes mestres da pintura narrativa. A mulher em situação reflexiva denota profunda introspecção em completo distanciamento da realidade externa. O seu entorno tem luminosidade a enfatizar a expressão de seu semblante. Sua vestimenta preta, e a posição de costas para uma janela de madeira com fragmentos de entalhes preciosos a coloca de frente para o observador, cabisbaixa e com os cabelos revoltos caídos pelo lado esquerdo da face. Lágrimas a escorrer levemente pelos olhos e com coriza no nariz em consequência do choro, segura uma foto com a mão esquerda, enquanto a direita cobre a boca com um xale preto. Seu semblante, olhos comprimidos denota uma expressão de dor, de uma saudade lancinante que está a estilhaçar sua alma. É fato que toda obra de arte é projetiva e nos lança em universo onírico muitas vezes distante da própria criação do artista, mas determinadas imagens, como esse quadro de Almeida Junior, trazem um quê de mistério indecifrável.

Temos uma imagem que mostra uma mulher em sofrimento sua expressão é algo que dói na própria alma na contemplação de sua dor.

Figura 3

Merleau-Ponty (2004) afirma que o pintor pôde apenas construir uma imagem. Cabe esperar que essa imagem se anime para os outros. Então, a obra de arte terá juntado vidas separadas, não existirá mais apenas numa delas como um sonho tenaz ou um delírio persistente, ou no espaço como uma tela colorida: ela habitará indivisa em vários espíritos, presumivelmente em todo espírito possível, como uma aquisição para sempre. Somos ligados à obra de arte na condição de apreciador, estabelecemos sintonia com a obra na emoção que ela nos provoca. A apreensão de uma obra de arte é a codificação que o olhar do apreciador confere a ela, e sempre estará além de sua condição e característica originais.

Ao falarmos em depressão estamos fazendo referência a um sofrimento que leva a alma humana a sensações de total exaustão diante da severidade de sua condição de entidade nosológica. Assim, ao ser retratada em uma tela de pintura, o que estamos admirando é o momento em que nossa alma se depara com o sofrimento retratado, e que nos toca pelo nosso momento de vida, e que muitas vezes dista de modo abismoso daquilo que foi concebido pelo artista, pelo possível sofrimento que inundava sua alma no momento da criação.

Merleau-Ponty (2004) coloca que só podemos ver diante de nós e sob aspectos de fins aquilo que nós mesmos somos, de modo que nossa vida tem sempre a forma do projeto e da escolha, e assim, parece-nos espontânea. É dizer que ao focarmos a análise sobre depressão em um determinado quadro estamos transcendendo a própria obra em si. Merleau-Ponty (2004) irá asseverar que o quadro observado e analisado dista do quadro pintado, pois esse tem a emoção e o momento da historicidade do criador, que certamente é diferente do observador. E da emoção exaurida no momento da criação teremos apenas a tangência das cores sobre a tela, e que naturalmente será bastante diversa da emoção do contemplador da obra.

E quando foca temas tão difíceis e dolorosos como a depressão, o que fazemos, de fato, é direcionar nosso olhar para a busca de detalhes, os quais se encontram com nossa temática. Muitas vezes, essa busca se dá apenas em nosso horizonte perceptivo, apreendemos o que buscamos para consolidar nossos conceitos sobre a imagem captada diante do tema definido para a consolidação conceitual.

Depressão. Simplesmente depressão...

POESIA

Um Cadinho de Vinho...

Valdemar Augusto Angerami

Ma Belle Cadinho

Beijar teus lábios com a boca molhada de Vinho Merlot...
Escorrer o vinho pelo teu corpo e te degustar em cada detalhe...
Mordiscar os seios para saborear o vinho docemente...
Descer pelo ventre saboreando o Merlot em tua essência...
Saborear cada gotícula em seus pelos pubianos...
E degustar sua seiva feminina misturada ao vinho...
Língua e lábios absorvendo o esplendor do Merlot...
 E da tua feminilidade...
Virar teu corpo...
E derramar essa fragrância pela tua nuca...
E pelas tuas costas em cada pedacinho da minha Cadinho...
Como um grande sommelier vou saborear você e o vinho...
O vinho escorrendo pelas tuas costas, nádegas e pernas...
Sendo sorvido com o requinte das grandes cerimônias de degustação...
Uma penetração sincopada no teu sexo embebido de vinho...
Penetração enternecida pelo vinho degustado em teu corpo...
Penetrar e te beijar freneticamente...
 Boca molhada de vinho e de você...
Sentir teu corpo nu umedecido pelo vinho...
Beijar e mordiscar tua nuca para sorver a paixão dessa degustação...
Derramar novamente o vinho pelo teu corpo...
E suavemente te levar a novo orgasmar de prazer...
Prazer pelo toque corpóreo... Prazer pela vida...
Prazer de sentir você em mim... E de ter você na pele...
Do vinho que se renova e que faz parte de nós...
Do nosso entrelaçamento... Da nosso cumplicidade com a vida...
Da mulher esplendorosa, maravilhosa...
E que estreitada em meus braços é a minha suave Cadinho...

Serra da Cantareira, numa tarde chuvosa de Verão...

CAPÍTULO XIV

Considerações Complementares

No toque das mãos
a energia mais pura e genuína do entrelaçamento de almas
SABEDORIA CIGANA

Iniciei esse livro dizendo da ousadia de rever conceitos enraizados pela Medicina tradicional, por meio de seu tentáculo de psiquiatria sobre a depressão. E a sensação que tenho ao passear pelo conjunto dessas páginas é que a ousadia inicial se transformou em verdadeira afronta a essas concepções. Talvez, o verdadeiro sentido desse livro seja o de questionar com nossas asserções e reflexões a maneira arcaica e disforme das conceituações vigentes até então sobre depressão. Criamos paradigmas e novas pontuações teóricas enfeixadas de modo a desmoronar totalmente com as conceituações arcaicas que predominam na seara da saúde envolvendo a temática da depressão.

Esse livro foi escrito tendo ao fundo os prelúdios dos Cadernos I e II de *Prelúdios de Debussy*, verdadeiro bálsamo para a minha alma nesses momentos de intenção de emoção diante de tema tão delicado e envolvente. Ele foi iniciado em Outono de 2020, semanas anteriores ao surgimento oficial da pandemia que cerceou nossas possibilidades de vida de modo indefinível. A sequência foi interrompida ainda no Outono, pois, apesar do distanciamento social imposto pela pandemia, e mesmo do tempo disponível que essa situação provocou, não havia condições emocionais para estabelecer reflexões propositivas sobre tema tão complexo. Assim, como inúmeros colegas, meus atendimentos em psicoterapia passaram a ocorrer em plano virtual, e aos poucos, com as coisas se ajeitando dentro desse novo padrão de funcionamento. Assim, também foi possível voltar a me debruçar sobre o texto e dar continuidade ao seu encadeamento. Em meados de Inverno, eu voltei ao livro e adentrei à Primavera, quando então foi concluído. Estivéssemos disputando alguma modalidade esportiva cujas partidas tivessem sua duração cronometrada pela contagem de tempo, poderíamos dizer que, excluindo-se as interrupções, tivemos quarenta e seis dias para a escrita final desse livro.

Esse livro pode ser definido como um marco de resistência ao caos social que se instaurou em nossas vidas de modo irreversível, o qual nos lançou igualmente diante de sérios transtornos emocionais. Angústia diante da pandemia que ceifou milhares de vida mundo afora e se mantém em nossa proximidade pelas mais diferentes maneiras.

Momentos de superação contínua e que não comportava qualquer forma de esmorecimento dada à complexidade dos inúmeros fatores que incidiam sobre nossas vidas. Desde mortes de pessoas próximas até o confronto com a absurdidade de como as autoridades mundiais estavam lidando com tantas perdas priorizando as razões econômicas. Algo muito doído e sofrível a nos levar a questionamentos dos mais diversos, e até mesmo sobre o sentido da depressão nesse contexto, algo que foi contemplado ao longo do livro.

Certamente, receberemos muitas críticas por essa ousadia e, principalmente, por questionar conceitos totalmente ultrapassados e desmoronados diante da dinâmica da vida contemporânea. Na realidade, talvez, nossos escritos soem como afronta por refletir sobre a obviedade das tantas facetas presentes no fenômeno da depressão e, na maioria das vezes, desprezadas pela psiquiatria tradicional, e por assim dizer, pelos demais segmentos da área da saúde. É dizer que as coisas se repetem automaticamente sem que alguém tenha a presunção, como foi o nosso caso, de rever tais conceitos e propor uma nova forma de compreensão e enfrentamento a essa ocorrência.

Não é a primeira vez que ouso enfrentar estruturas tradicionais, e desde sempre fui alvo das mais variadas críticas até que a nova proposta fosse finalmente aceita e depois implementada em renovação de novos paradigmas. Como mera citação, temos a nova conceituação que fizemos sobre Psicologia da Saúde em nosso livro *Psicologia da Saúde. Um novo paradigma na prática clínica* (ANGERAMI, 2017). De início, recebi todas as críticas plausíveis e mesmo inadmissíveis pela ousadia de questionar conceituações dos grandes teóricos da área, principalmente os estadunidenses e cubanos. Mas, aos poucos, e de modo conciso e bastante consistente, nossas reflexões e pontuações foram aceitas e, na atualidade, na quase totalidade da realidade acadêmica do Brasil, América Latina e Europa. E assim nossas diretrizes passaram a ser a grande referência na área. Entretanto, se hoje nossa conceituação sobre Psicologia da Saúde é a grande diretriz, o percurso árduo até esse ponto foi crivado das críticas mais ácidas e contundentes que se pode conceber. É como se houvesse muita dificuldade em aceitar que as estruturas precisam ser revistas pela própria dinâmica mutável da nossa sociedade. Ficar preso a teorizações, em sua maioria escritas no final do século XIX, é a negação de todo o processo de mutação que ocorreu nesse período. Nossa historicidade, que se transforma a cada momento, não pode ficar presa ao que conceberam os teóricos de séculos passados, apesar do reconhecimento do brilhantismo intelectual desses teóricos. E isso, embora seja algo que todos irão concordar sem qualquer rechaço, ainda assim, é difícil de caminhar em outra direção.

É como se os caminhos conhecidos fossem mais seguros, e isso em que pese toda a sua condição arcaica e que, na quase totalidade das vezes, não consegue abarcar o dimensionamento das transformações e implicações da cotidianidade. Assim, por exemplo, quando falamos em depressão advinda do mundo virtual, estamos diante de um cenário sequer imaginável, não apenas nos séculos anteriores, mas, de fato, nem mesmo em décadas atrás. Ou ainda o que dizer sobre a depressão presente nos animais, algo impensável para os teóricos de outras décadas.

Chegamos! Estamos em uma planície verdejante com montanhas em nosso entorno. Paisagem deslumbrante, mas que requer a certeza da nossa pequenez diante da sua grandiosidade. Nossas reflexões, assim como livros anteriores, seguirão adiante com outros tantos estudiosos e pesquisadores que irão se debruçar sobre elas com grande afinco. Esse trabalho, igualmente, será considerado ponta de pesquisa, ou seja, conjunto de reflexões que prestam a ser verificadas por meio de pesquisas para serem confirmadas ou refutadas. Temos como exemplo dessa asserção o nosso trabalho *Reflexões sobre a atitude do profissional da saúde diante da doença e do doente* (ANGERAMI, 2015), em que apresentamos reflexões e conceituações operacionais principalmente sobre a chamada calosidade profissional, sendo objeto de inúmeras pesquisas acadêmicas, e mesmo, de dissertação acadêmica.

Tão simples como o gotejar do orvalho na madrugada serão essas letras, linhas e parágrafos na alma dos sonhadores que ainda acreditam e sonham com uma Psicologia verdadeiramente humana e que acolhem nossos anseios e ideais.

Depressão. Simplesmente depressão...

Referências

ABERASTURY, A.; NOBEL, M. **Adolescência Normal**. Porto Alegre: Editora Artes Médicas, 1988.

AGOSTINHO, Santo; BISPO DE HIPONA. **A Cidade de Deus (contra os pagãos)**. Parte II. Petrópolis: Editora Vozes, 1986.

ALTMAN, R. **Van Gogh** – Vida e obra de um gênio. São Paulo: DVD Versátil, 2017.

AMADO, J. **Tieta do agreste**. Rio de Janeiro: Editora Record, 1997.

AMADO, J. **Capitães da areia**. São Paulo: Editora Nova Cultural, 1975.

ANGERAMI, V. A. Depressão como processo vital. In: *Depressão e Psicossomática*. Angerami, V. A. (Org.). São Paulo: Thomson Learning, 2001.

ANGERAMI, V. A. **Suicídio. Uma alternativa à vida. Fragmentos de psicoterapia existencial**. Belo Horizonte: Artesã Editora, 2017.

ANGERAMI, V. A. **Psicoterapia Existencial. Noções Básicas**. Belo Horizonte: Artesã Editora, 2018.

ANGERAMI, V. A. **Flagelo e Desespero Humano. Parêmias da Cracolândia**. Belo Horizonte: Artesã Editora, 2017.

ANGERAMI, V. A. O corpo câncer. In: **Psicologia e Câncer**. São Paulo: Pearson Learning, 2013.

ANGERAMI, V. A. (Org.). **Psicologia da Saúde. Um novo paradigma na prática clínica**. São Paulo: Cengage Learning, 2017.

ANGERAMI, V. A. Reflexões sobre as atitudes do profissional da saúde diante da doença e do doente. In: **Psicossomática e suas interfaces. O silencioso processo do adoecimento**. São Paulo: Cengage Learning, 2015.

ANGERAMI, V. A. **Solidão. A Ausência do outro.** Belo Horizonte: Artesã Editora, 2017.

ANGERAMI, V. A. Sobre a dor. In: **Psicossomática e a psicologia da dor.** São Paulo: Cengage Learning, 2010.

ANGERAMI, V. A. Suicídio Infantil. Escarro maior da condição humana. In: **O atendimento infantil na ótica fenomenológico existencial.** São Paulo: Cengage Learning, 2011.

ANGERAMI, V. A. **Psicoterapia e Subjetivação.** São Paulo: Thomson Learning, 2003.

ANGERAMI, V. A. (Org.). **Psicologia Hospitalar. Teoria e Prática.** São Paulo: Cengage Learning, 2006.

ANGERAMI, V. A. **Temas em Psicologia Hospitalar.** São Paulo: Cengage Learning, 2008.

ANGERAMI, V. A. (Org.). **E a psicologia entrou no hospital.** Belo Horizonte: Artesã Editora, 2017.

ANGERAMI, V. A. (Org.). **Sobre o suicídio. A psicoterapia diante da autodestruição.** Belo Horizonte: Artesã Editora, 2018.

ANGERAMI, V. A. (Org.). **Psicologia Hospitalar. Atuação do psicólogo no contexto hospitalar.** São Paulo: Traço Editora, 1984.

ARISTÓTELES. **Da alma. De anima.** São Paulo: Editpro, 1986.

ASSIS, F. São. **Cântico do Irmão Sol.** Petrópolis: Editora Vozes, 1975.

BERGMAN, I. **A Flauta Mágica.** São Paulo: DVD Versátil, 2007.

DAUGHERTY, H. **Tratado dos moicanos.** São Paulo: DVD Talent, 2007.

DOSTOIEVSKI, F. **O Jogador.** São Paulo: Editora 34, 2010.

DOSTOIEVSKI, F. **O Sonho do Príncipe.** São Paulo: Editora 34, 2010.

DOSTOIEVSKI, F. **Uma criatura dócil.** São Paulo: Editora 34, 2010.

FORMAN, M. **Amadeus.** São Paulo: Warner Bross, 2006.

GANDHI, M. **As palavras de Gandhi.** Rio de Janeiro: Editora Record, 1982.

HARTL, K. Mozart. **O Gênio da Música.** São Paulo: DVD Versátil, 2006.

KANT, I. **Crítica da faculdade do juízo.** Rio de Janeiro, F. Universitária, 2008.

KAPLAN, H. I.; SADOCK, B.J. **Tratado de Psiquiatria.** Porto Alegre: 1999.

KARDEC, A. **O livro dos espíritos**. Capivari: Editora EME, 2017.

KOUNEN, J. **Coco e Igor**. São Paulo: Imovision, 2009.

LAING, R.D. **O eu dividido**. Petrópolis: Editora Vozes, 1973.

LAIND, R.D. **A psiquiatria em questão**. Porto: Editorial Presença, 1972.

LAING, R. D.; COOPER, D. **Razão e Violência**. Petrópolis, 1976.

LANGER, M. **Maternidade e Sexo**. Porto Alegre: Editora Artes Médicas, 1981.

LOWEN, A. **O Corpo em Depressão**. São Paulo: Summus Editorial, 1983.

MALDONADO, M. T. **Psicologia da Gravidez, Parto e Puerpério**. São Paulo: Editora Saraiva, 1997.

MERLEAU-PONTY, M. **O visível e o invisível**. São Paulo: Editora Perspectiva, 1971.

MERLEAU-PONTY, M. **Fenomenologia da Percepção**. São Paulo: Editora Martins Fontes, 1999.

MERLEAU-PONTY, M. **O olho e o espírito**. São Paulo: Cosac & Naify, 2004.

RAMOS, G. **Vidas Secas**. São Paulo: Editora Nova Cultural, 1975.

REGAN, T. **Jaulas Vazias**. Porto Alegre: Editora Lugano, 2007.

RILKER, R. M. **Elegias de Duíno**. São Paulo: Biblioteca Azul, 1976.

SARTRE, J. P. **Crítica da Razão Dialética**. Petrópolis: Editora Vozes, 1986.

SARTRE, J. P. **O existencialismo é um humanismo**. Lisboa: Editorial Presença, 1970.

TCHECOV, A. **As três irmãs**. São Paulo: Editora Nova Cultural, 1995.

TOLSTÓI, L. **Senhor e Servo**. São Paulo: Clube do Livro, 1958.

TOLSTÓI, L. **Guerra e Paz**. São Paulo: Editora Nova Cultural, 1995.

TOLSTÓI, L. **Ana Karênina**. São Paulo: Editora Nova Cultural, 1995.

Posfácio

Odeio escrever! E muitos, então, dirão: Como isso é possível com tantos livros e escritos publicados? Simplesmente respondo que essa é a maneira que tenho para me posicionar contra o arbítrio que ceifa tantas vidas, vidas de pessoas combalidas e humilhadas pela desigualdade social.

Momento de intensa angústia, de imersão profunda nos recantos mais sofridos da alma, em busca de alívio e paz diante de tanta desigualdade e tanto sofrimento social.

Paz e bem!

Este livro foi composto com tipografia Bembo
e impresso em papel Luxcream 70g. na Gráfica Formato.